个人信息保护通识

王秀军　主编
中国网络空间安全协会
中国互联网发展基金会　编

人民出版社

责任编辑:宫　共
封面设计:源　源

图书在版编目(CIP)数据

个人信息保护通识/王秀军 主编;中国网络空间安全协会,中国互联网发展基金会 编. —北京:人民出版社,2022.4
ISBN 978-7-01-024527-0

Ⅰ. ①个…　Ⅱ. ①王… ②中… ③中…　Ⅲ. ①个人信息-法律保护-研究-中国　Ⅳ. ①D923.74

中国版本图书馆 CIP 数据核字(2022)第 021889 号

个人信息保护通识

GEREN XINXI BAOHU TONGSHI

王秀军　主编

中国网络空间安全协会
中国互联网发展基金会　编

人民出版社 出版发行
(100706　北京市东城区隆福寺街 99 号)

北京汇林印务有限公司印刷　新华书店经销

2022 年 4 月第 1 版　2022 年 4 月北京第 1 次印刷
开本:880 毫米×1230 毫米 1/32　印张:5. 125　字数:106 千字

ISBN 978-7-01-024527-0　定价:26. 00 元

邮购地址 100706　北京市东城区隆福寺街 99 号
人民东方图书销售中心　电话 (010)65250042　65289539

目　录

前　言

随着信息化与经济社会持续深度融合，网络已成为生产生活的新空间、经济发展的新引擎、交流合作的新纽带。截至 2021 年 6 月，我国互联网用户已达 10.11 亿，互联网普及率达到 71.6%，互联网网站超过 420 万个、应用程序数量超过 300 万个，个人信息的收集、使用十分广泛。虽然近年来我国个人信息保护力度不断加大，但在现实生活中，一些企业、机构甚至个人，从商业利益等出发，随意收集、违法获取、过度使用、非法买卖个人信息，利用个人信息侵扰人民群众生活安宁、危害人民群众生命健康和财产安全等问题仍十分突出。在信息化时代，个人信息保护已成为广大人民群众最关心最直接最现实的利益问题之一。同时，加强个人信息保护也是维护网络空间良好生态以及促进数字经济健康发展的现实需要。①

党中央高度重视网络空间法治建设，对个人信息保护立

---

① 《关于〈中华人民共和国个人信息保护法（草案）〉的说明》，http：//www.npc.gov.cn/npc/c30834/202108/fbc9ba044c2449c9bc6b6317b94694be.shtml，2021 年 10 月 18 日。

法工作作出部署。习近平总书记多次强调，要坚持网络安全为人民、网络安全靠人民，保障个人信息安全，维护公民在网络空间的合法权益，对加强个人信息保护工作提出明确要求。2021 年 8 月 20 日，第十三届全国人民代表大会常务委员会第 30 次会议通过了备受瞩目的《个人信息保护法》。《个人信息保护法》的出台进一步加强了个人信息法律保护，标志着我国较完善的个人信息保护法律体系已经形成，同时也表明我国个人信息保护法制保障达到了世界一流水平。

在《个人信息保护法》出台之前，我国已经出台了一些有关个人信息保护的法律法规。

首先，我国《宪法》规定，国家尊重和保障人权；公民的人格尊严不受侵犯；公民的通信自由和通信秘密受法律保护。这是在根本法的层面对于个人信息有关的权益进行保护。《个人信息保护法》的制定与实施对于保障公民的人格尊严和其他权益具有重要意义，因此该法第一条明确了立法依据是宪法。

其次，在法律层面《民法典》《网络安全法》《数据安全法》《刑法》等法律对个人信息保护有所规定。《民法典》在总则“民事权利”章中明确规定，“自然人的个人信息受法律保护”，并在“人格权”编中专章规定了自然人的隐私权和个人信息保护制度。这意味着自然人的个人信息权益属于基本民事权利，与生命权、健康权等基本人格权一样受到法律的保护。《网络安全法》从网络信息安全的角度对个人信息保护做了原则性规定，加重了侵犯个人信息权利的行政法律责任。《数据安全法》从数据保护的角度，确立包括个人信息在内的数据安全保护管理各项基本制度。《刑法》则规定了“侵犯公民个人信息罪”，对个人信息进行刑事保护，将非法获取、出售或者提供公民个人信息且情节严重的行为，规定为犯罪。此外，《电子商务法》《消费者权益保护法》《居民身份证法》《未成年人保护法》《测绘法》《公共图书馆法》《档案法》等法律，在不同领域对个人信息保护作出了相关规定。

第三，在行政法规层面，《关键信息基础设施安全保护条例》《征信管理条例》《地图管理条例》《国务院关于在线政务服务的若干规定》等行政法规涉及个人信息保护的零散规定。由于这些行政法规出台之际缺乏上位法的明确规定，上述行政法规中有关个人信息保护的规定都是较为原则性的。

第四，在部门规章层面，为了满足行政管理的需要，工信部、中央网信办等部门陆续出台了一些部门规章，如《电信和互联网用户个人信息保护规定》《儿童个人信息网络保护规定》等对个人信息保护做了专门规定，《汽车数据安全管理若干规定（试行）》《网络预约出租汽车经营服务管理暂行办法》等部门规章对个人信息保护有所涉及。由于部门规章设定行政处罚的种类和额度受到《立法法》的限制，罚款额度过低，难以有效规范侵害个人信息权利的行为。

此外，一些地方性法规和规章如辽宁省地方标准《个人信息保护规范》DB21/T 1628—2008。《浙江省公共数据开放与安全管理暂行办法》《厦门市软件和信息服务业个人信息保护管理办法》等，也对个人信息保护做了一些规定。有关部门还出台了一些个人信息保护的标准，如《信息安全技术　公共及商用服务信息系统个人信息保护指南》（GB/Z 28828—2012）、《信息安全技术　个人信息安全规范》（GB/T 35273—2020）等。

虽然上述法律、法规、规章均对个人信息保护做了一定程度的规定，但大多属于原则性的、零散的规定，尚不足以对个人信息形成完善的、体系化的保护。在《个人信息保护法》出台后，我国才真正实现了对个人信息全面、系统的保护，填补了个人信息保护法律体系的空白，主要体现在以下几个方面：

第一，《个人信息保护法》明确了相关主体的权利和义务。《个人信息保护法》对个人信息处理规则、个人在个人信息处理活动中的权利、个人信息处理者的义务等内容做了较为详尽的规定，填补了个人信息保护中权利行使和义务履行方面的空白，将《宪法》规定的保障公民的人格尊严、保护公民的通信自由和通信秘密等权益，以及《民法典》规定的个人信息权利落到实处。

第二，《个人信息保护法》明确了个人信息保护的行政保护体制。个人信息涉及亿万网民、社会公共利益和国家安全。民事维权成本高、刑事立案门槛高，对个人信息保护最有效的手段实际上是行政保护。《个人信息保护法》确定了履行个人信息保护职责的部门，明确规定国家网信部门负责统筹协调个人信息保护工作和相关监督管理工作，国务院其他有关部门在各自职责范围内负责个人信息保护和监督管理工作，并对监管部门的个人信息保护职责和执法措施做了明确规定。个人信息保护行政监管部门及其职责的明确，大大提高了个人信息权利行政保护的效率。

第三，《个人信息保护法》加大了法律责任，显著提高了违法成本。根据此前《网络安全法》的规定，侵害个人信息的，最高可以处违法所得 10 倍的罚款；没有违法所得的，最高可以处 100 万元罚款；对直接负责的主管人员和其他直接责任人员，最高可以处 10 万元罚款。《个人信息保护法》大幅度提高了罚款额度，对于情节严重的违法行为，最高可以处 5000 万元或者上一年度营业额 5% 的罚款，对直接负责的主管人员和其他直接责任人员最高可以处 100 万元罚款。罚款额度的大幅度提高，将显著提高个人信息处理者的违法成本，让行政执法长出“钢牙利齿”，进一步强化了对个人信息的行政保护。

为了更好地宣传、普及《个人信息保护法》的相关知识，推进《个人信息保护法》的贯彻实施，中国网络空间安全协会、中国互联网发展基金会共同组织学术界、实务界专家编写本通识读本，供社会公众学习参考。因编者水平所限，如有不当之处，请广大读者和同仁批评指正。

本书编写的人员有：李欲晓、徐倩华、谢永江、徐运红、王军、郭卫红、谢连杰、王源、翟晓博、李胜男、黄岳、高成、魏园、杨一心、孟庆顺、赵亚利、夏文辉、彭铭、曾雯雯、马向远、郝彤辉、张琳琳、宋明秋、仇钰娴、罗彬琦，由谢永江、徐运红负责统稿。同时感谢百胜中国对本书编撰提供的支持。

第一部分　法条解释

（一）总　则

1.《个人信息保护法》的立法目的是什么？

【法条】

《个人信息保护法》第 1 条：为了保护个人信息权益，规范个人信息处理活动，促进个人信息合理利用，根据宪法，制定本法。

【解释】

《个人信息保护法》的立法目的包括三个方面：

第一，保护个人信息权益。《个人信息保护法》明确规定，自然人的个人信息受法律保护，任何组织、个人不得侵害自然人的个人信息权益。同时，规定了个人在个人信息处理活动中的权利以及履行个人信息保护职责的部门，对于侵害个人信息权利的行为规定了相应的法律责任。

第二，规范个人信息处理活动。《个人信息保护法》规定了个人信息处理者处理个人信息应当遵守的规则，明确了个人信息处理者的义务，对违反个人信息处理规则和义务的行为规定了相应的法律责任。

第三，促进个人信息合理利用。《个人信息保护法》统筹个人信息保护与利用，通过立法建立权责明确、保护有效、利用规范的制度规则，在保障个人信息权益的基础上，促进信息数据依法合理有效利用，推动数字经济持续健康发展。

2.《个人信息保护法》适用于境内哪些个人信息处理活动?

【法条】

《个人信息保护法》第 3 条第 1 款：在中华人民共和国境内处理自然人个人信息的活动，适用本法。

第 72 条：自然人因个人或者家庭事务处理个人信息的，不适用本法。

法律对各级人民政府及其有关部门组织实施的统计、档案管理活动中的个人信息处理有规定的，适用其规定。

【解释】

《个人信息保护法》适用于境内各类处理自然人个人信息的活动，但有两个例外：

一是自然人因个人或者家庭事务处理个人信息的，不适用《个人信息保护法》，以避免社会公众的日常生活因为《个人信息保护法》的颁行而受到较大的影响。例如，个人为了安排家庭出游，收集、整理、提供家庭成员的个人信息，就不适用《个人信息保护法》。

二是法律对各级人民政府及其有关部门组织实施的统计、档案管理活动中的个人信息处理有规定的，适用其规定，不适用《个人信息保护法》。例如，个人档案的处理适用《档案法》的规定，不适用《个人信息保护法》。

3.《个人信息保护法》适用于境外哪些个人信息处理活动？

【法条】

《个人信息保护法》第 3 条第 2 款：在中华人民共和国境外处理中华人民共和国境内自然人个人信息的活动，有下列情形之一的，也适用本法：

（1）以向境内自然人提供产品或者服务为目的；

（2）分析、评估境内自然人的行为；

（3）法律、行政法规规定的其他情形。

【解释】

对于中国境外的个人信息处理活动，一般不适用我国法律，但是由于网络空间的跨国界性，对于可能影响到我国公民权益的境外个人信息处理行为，也适用我国《个人信息保护法》，其目的在于最大限度维护我国公民的个人信息权利。主要包括三种情形：

第一，以向境内自然人提供产品或者服务为目的。例如，境外的电子商务平台如提供中文页面，允许中国消费者在线支付，则可以认为是面向中国境内自然人销售商品或提供服务，则应遵守我国《个人信息保护法》。

第二，分析、评估境内自然人的行为。例如，境外机构对境内网民的兴趣偏好等个人信息进行分析，就应遵守我国《个人信息保护法》。

第三，法律、行政法规规定的其他情形。这是一个兜底的规定，避免挂一漏万。

4. 如何理解合法、正当、必要和诚信原则？

【法条】

《个人信息保护法》第 5 条：处理个人信息应当遵循合法、正当、必要和诚信原则，不得通过误导、欺诈、胁迫等方式处理个人信息。

【解释】

《民法典》《网络安全法》《消费者权益保护法》等多部法律均规定了处理个人信息应当遵守合法、正当、必要原则，《个人信息保护法》在上述原则的基础上，补充规定了诚信原则。合法、正当、必要与诚信原则是我国个人信息处理的总体原则。该原则的四项子原则相互关联，形成有机统一体。

合法原则，就是处理个人信息要具有现行法律依据，不得违背法律的禁止性规定，不得从非法渠道获取个人信息，不得使用非法手段收集个人信息。当现行法律没有规定时，则应遵循正当、必要和诚信原则。

正当原则，是对个人信息处理行为进行道德、伦理和价值判断。正当包括目的正当和手段正当。处理个人信息的目的应当是增进个人利益或者社会公共利益，而非损害他人权益、破坏公共秩序；而用于大数据杀熟、诈骗、敲诈勒索等目的则属于不正当目的。处理个人信息的手段应当符合社会公众的一般认知和期待，不违反公序良俗。如果采取非法购买、网络入侵等手段收集个人信息，则不具有正当性。

必要原则，是指处理者只能处理满足个人信息主体授权同意的目的所需的最少个人信息类型和数量；目的达成后，应及时删除个人信息。个人信息涉及个人的人格尊严、人身和财产安全、通信秘密等重大利益，过度处理容易对这些利益造成难以预测的危险和损害。“必要”意味着，所处理的个人信息是提供商品或服务所必需的，如果缺失了相关信息，则不能提供符合法律规定或合同约定的商品或服务。例如，根据《常见类型移动互联网应用程序必要个人信息范围规定》的规定，地图导航服务的必要个人信息包括位置信息、出发地、到达地，但查看个人通讯录则超出了必要范围。同时，除非法律法规另有规定，或者个人信息主体另行授权同意，对个人信息的存储时间也不能超出必要限度，应为实现目的所必需的最短时间；处理个人信息的目的达成后，应及时删除个人信息或进行匿名化处理。

诚信原则，就是要求个人信息处理者应做到忠诚、守信，应尊重对方的利益，应维护交易的安全，不得出尔反尔，损人利已。诚信原则是最低限度的道德要求在法律上的体现。

此外，法律对典型的违背合法、正当、必要和诚信原则的行为作出列举规定，即不得通过误导、欺诈、胁迫等不合法、不正当的方式处理个人信息。

5. 如何理解目的明确合理原则？

【法条】

《个人信息保护法》第 6 条第 1 款：处理个人信息应当具有明确、合理的目的，并应当与处理目的直接相关，采取对个人权益影响最小的方式。

【解释】

该原则可以从以下方面理解：

（1）处理个人信息应当具有明确的目的。在互联网环境下，个人信息往往具有多种价值，可以适用于不同的场景。法律要求处理个人信息的目的应当明确、清晰、具体，不能含混不清。处理者如在无明确目的的情况下处理个人信息，则属于对个人信息的滥用。

（2）处理个人信息的目的应具有合理性。所谓合理的目的，意味着该目的符合法律的规定和正当性要求，能够为一个具有正常理智的普通人所理解、接受，符合社会道德和公序良俗。

（3）处理个人信息应与处理目的直接相关，不能超出所明示的目的范围处理个人信息。目的实现以后，不得擅自对个人信息作后续处理。处理个人信息的方式应当选择对个人权益影响最小的方式，不得对个人造成不合理的损害，不会为个人带来过重的负担或过高的风险。

6. 如何理解最小范围原则？

【法条】

《个人信息保护法》第 6 条第 2 款：收集个人信息，应当限于实现处理目的的最小范围，不得过度收集个人信息。

【解释】

最小范围原则要求收集个人信息应当限于实现处理目的的最小范围，不得过度收集。这就要求所收集的信息类型和信息数量，均不得超过必要限度，不得宽泛地收集个人信息，即使信息与目的有一定关联，只要不是必要的，均不应收集。例如，网上购物的目的是“购买商品”，可以收集的必要个人信息包括：注册用户移动电话号码（实名制的需要）；收货人姓名（名称）、地址、联系电话；支付时间、支付金额、支付渠道等支付信息。至于购买商品的用途是自用还是他用，购买人的位置信息等则不应收集。

7. 如何理解公开透明原则？

【法条】

《个人信息保护法》第 7 条：处理个人信息应当遵循公开、透明原则，公开个人信息处理规则，明示处理的目的、方式和范围。

【解释】

公开透明原则要求个人信息处理者以明确、易懂和合理的方式向社会公众公开个人信息的处理目的、处理方式、处理范围等规则，以确保个人能够及时、准确、真实地掌握个人信息的使用现状，保障了个人的知情权。由于个人与信息处理者之间在技术能力、信息能力、经济实力等方面严重不对称，为了避免信息处理者滥用其优势地位，实施欺诈行为，故而强制信息处理者披露个人信息处理规则，方便个人对其信息的使用情况进行实时监督，预判个人信息处理活动可能产生的效果与影响，有效防范信息处理者对个人信息的滥用。

公开透明原则还意味着个人信息处理规则向社会公众公开、赋予公民社会监督权。通过将个人信息的使用范围、目的、方式等规则公布于众，形成对个人信息处理者的长期有效监管，促进个人信息处理者合法、合理地处理个人信息。

8. 如何理解质量保证原则？

【法条】

《个人信息保护法》第 8 条：处理个人信息应当保证个人信息的质量，避免因个人信息不准确、不完整对个人权益造成不利影响。

【解释】

质量保证原则要求个人信息处理者对所处理的个人信息的真实性、准确性、完整性和时效性负有责任。随着社会的信息化、网络化、智能化进一步发展，个人信息的不真实、不准确和不完整往往会直接损害个人的权益，经营者也常常基于个人信息来提供相应的商品或服务。因此，个人信息处理者在处理个人信息时应当认真负责，保证个人信息的质量，避免因不当处理个人信息而导致信息不准确、不完整，进而损害个人权益。

个人发现其个人信息不准确或者不完整时，有权请求个人信息处理者更正、补充。个人请求更正、补充其个人信息时，个人信息处理者应当对其个人信息予以核实，并及时更正补充。

9. 如何理解安全保障原则?

【法条】

《个人信息保护法》第 9 条：个人信息处理者应当对其个人信息处理活动负责，并采取必要措施保障所处理的个人信息的安全。

【解释】

安全保障原则要求个人信息处理者自觉履行个人信息安全的主体责任，防止未经授权的访问以及个人信息泄露、篡改、丢失，确保个人信息的安全。个人信息安全问题不仅关乎个人的合法权益，还关乎公共利益与国家安全。现实中，个人信息泄露事件时常发生。一旦个人信息被黑灰色产业链非法买卖、利用，有可能给个人造成极大的困扰或损失。

为了保障信息安全，个人信息处理者应当对可能发生的安全问题采取必要措施，防止出现安全风险或安全事件。这里所说的必要措施，包括制定内部管理制度和操作规程，对个人信息实行分类管理，采取相应的加密、去标识化等安全技术措施；合理确定个人信息处理的操作权限，定期对从业人员进行安全教育和培训，制定并组织实施个人信息安全事件应急预案等。

（二）处理个人信息的基本规则

10. 处理个人信息是否一定需要取得个人同意？

【法条】

《个人信息保护法》第 13 条：符合下列情形之一的，个人信息处理者方可处理个人信息：

（1）取得个人的同意；

（2）为订立、履行个人作为一方当事人的合同所必需，或者按照依法制定的劳动规章制度和依法签订的集体合同实施人力资源管理所必需；

（3）为履行法定职责或者法定义务所必需；

（4）为应对突发公共卫生事件，或者紧急情况下为保护自然人的生命健康和财产安全所必需；

（5）为公共利益实施新闻报道、舆论监督等行为，在合理的范围内处理个人信息；

(6) 依照本法规定在合理的范围内处理个人自行公开或者其他已经合法公开的个人信息；

(7) 法律、行政法规规定的其他情形。

依照本法其他有关规定，处理个人信息应当取得个人同意，但是有前款第二项至第七项规定情形的，不需取得个人同意。

【解释】

为了尊重和保护个人对其信息的权利，《个人信息保护法》建立了以“知情—同意”为核心的个人信息处理规则，因此，在大多数情况下处理个人信息需要取得个人同意。例如，手机APP在收集我们的个人信息时，需要经过我们的同意。但是，在一些特定场景下，基于合约履行、公共利益等原因，可以不用经过个人同意处理个人信息。特殊场景有如下几种：

(1) 订立、履行合同所必需

如果我们在网上购买了一件商品，商家为了保证我们购买的商品能够按照合同的约定送到我们的手中，那么送货所需的地址、联系电话等个人信息就属于为订立、履行买卖合同所必需的信息，商家无须另外取得我们的同意就可处理该信息。

(2) 实施人力资源管理所必需

企业为了实施人力资源管理，有处理员工相关信息的需要，如为了管理需要安置监控设施设备、为了委托第三方发工资或缴纳社保需要将员工信息提供给第三方合作伙伴等。此类信息处理应当按照依法制定的公司劳动规章制度和依法签订的集体劳动合同进行，不需要取得员工的同意。

(3) 履行法定职责或者法定义务所必需

根据法律的有关规定，政府部门、企事业单位负有一定的职责和义务，它们为了履行法律规定的职责和义务必须要处理部分个人信息。例如：公安机关、司法机关为了侦查、审判需要而调取个人信息证据的，属于为履行法规规定的职责而不需要经个人同意。又如，根据《中华人民共和国医师法》的规定，对需要紧急救治的患者，医师应当采取紧急措施进行诊治，不得拒绝急救处置。那么医院对需要紧急救治的患者的个人健康生理信息进行处理，属于为履行法定义务所必需，医院无须在处理该信息时取得病人的同意。

(4) 应对突发公共卫生事件，或者紧急情况下为保护自然人的生命健康和财产安全所必需

疫情期间为了更好地应对和防控疫情，对已经感染新冠肺炎的患者的个人行踪信息进行公布的情况，就属于为了应对突发公共卫生事件，或者紧急情况下为保护自然人的生命健康和财产安全所必需。相关部门在公布该个人的行踪信息时，不需要取得该个人的同意，但公布的信息内容及方式需要注重隐私保护。

(5) 为公共利益实施新闻报道、舆论监督等行为，在合理的范围内处理个人信息

当发生各类有关政治、经济、社会文化等新闻事件时，新闻媒体为了更好地还原事情真相，满足社会公众了解事实真

相的需求，在报道过程中可能会不可避免地涉及当事人的姓名、家庭工作情况、个人成长经历等个人信息的披露，报道过程中对该信息的使用就属于为公共利益实施新闻报道、舆论监督等在合理的范围内处理个人信息的行为，不需要取得被报道人的同意。当然，新闻媒体对个人信息的处理应该合法、正当，限于合理范围，不得违背法律的规定。例如，对当事人进行人肉搜索、擅自公布个人隐私等行为便是违法的。

(6) 在合理的范围内处理个人自行公开或者其他已经合法公开的个人信息

自行公开是指个人自己公开自己的个人信息。例如，个人为了推广自己的产品，在做广告时公开自己的姓名和电话，那么，此时其他有产品需求的人通过该公开的广告存储该信息，或使用该电话信息联系该个人时，就属于在合理的范围内处理个人自行公开的信息，不需要取得该个人的同意。

所谓已经合法公开的个人信息，是指根据法律的要求进行公开的个人信息。例如工商注册信息中要求公开法定代表人的个人信息，那么企业信息查询软件对于该已经按照法律要求进行公开的信息进行汇总、整理的行为就属于在合理的范围内处理已经合法公开的个人信息，不需要取得该个人的同意。

11. 何种情况下作出的个人同意符合法律要求？

【法条】

《个人信息保护法》第 14 条：基于个人同意处理个人信息

的，该同意应当由个人在充分知情的前提下自愿、明确作出。法律、行政法规规定处理个人信息应当取得个人单独同意或者书面同意的，从其规定。

个人信息的处理目的、处理方式和处理的个人信息种类发生变更的，应当重新取得个人同意。

【解释】

符合法律规定的个人同意要符合充分知情下的自愿、明确要求。“自愿”是指需要作出同意的个人已经对自己要同意的内容完全了解知情的情况下，根据自己的真实意愿作出的同意，并且不能以默认的方式进行同意。“明确”是指对处理的目的、方式、范围内容是明确理解，对自己所作出的同意的内容、后果有明确的认知。但是，在日常生活中，存在着大量的用户默认勾选同意、用户一键点击产品就表示同意、用户一揽子同意等不符合自愿、明确要求的情况。

【案例】

2019 年 12 月 20 日，某 APP 以用户默认勾选同意隐私政策的非明示方式，征求用户同意其隐私政策，被监管部门以未合法取得同意为由进行通报处罚。

12. 已经明确作出了同意，还可以撤回吗？

【法条】

《个人信息保护法》第 15 条：基于个人同意处理个人信息的，个人有权撤回其同意。个人信息处理者应当提供便捷的撤回同意的方式。

个人撤回同意，不影响撤回前基于个人同意已进行的个人信息处理活动的效力。

【解释】

不管是基于个人错误的操作进行了同意，还是个人在正确操作后反悔，不论什么原因，个人都可以撤回同意。因此，个人信息处理者应该为个人提供便捷的撤回同意的渠道和方式。撤回同意只能影响到撤回以后，不能追溯到撤回同意以前。撤回之前基于该同意处理的个人信息依然是合法有效的。

13. 不同意收集个人信息就不能使用 APP 的做法合法吗？

【法条】

《个人信息保护法》第 16 条：个人信息处理者不得以个人不同意处理其个人信息或者撤回同意为由，拒绝提供产品或者服务；处理个人信息属于提供产品或者服务所必需的除外。

【解释】

根据法律规定，个人信息处理者是不得以个人不同意处理其个人信息或者撤回同意为由，拒绝提供产品或者服务的。举例来说，如果我们不同意购物 APP 收集我们的地址和电话，那么 APP 依然需要向我们提供不需要上述信息即可完成的业务功能，例如浏览商品、收藏、加入购物车等功能。但是当我们想要购买商品时，由于地址和电话信息是实现购买服务的必要信息，如果我们不同意提供该信息，或者撤回同意，那么该

APP 则无法为我们提供相关购物功能服务。

14. 为了取得个人同意，应该如何进行告知？

【法条】

《个人信息保护法》第 17 条：个人信息处理者在处理个人信息前，应当以显著方式、清晰易懂的语言真实、准确、完整地向个人告知下列事项：

（1）个人信息处理者的名称或者姓名和联系方式；

（2）个人信息的处理目的、处理方式，处理的个人信息种类、保存期限；

（3）个人行使本法规定权利的方式和程序；

（4）法律、行政法规规定应当告知的其他事项。

前款规定事项发生变更的，应当将变更部分告知个人。

个人信息处理者通过制定个人信息处理规则的方式告知第一款规定事项的，处理规则应当公开，并且便于查阅和保存。

【解释】

从告知的形式上看，需要采用清晰易懂的语言，不能大量使用专业术语或者晦涩难懂的词语、句子，让人无法或难以理解。同时，需要准确、真实、完整地将所有事项进行告知。对于个人敏感信息等需要重点提示的信息，需要以加黑、下画线等显著的方式提醒用户。

从告知的内容上来看，需要告知个人信息处理者的联系方式。如果处理者是公司，那么需要告知公司名称；如果处理者是个人，需要告知个人的姓名。与此同时，还需要告知处理个人信息的目的是什么、通过什么样的方式进行处理，处理的个人信息种类有哪些、保存期限是多久，以及个人行使更正、查阅、删除、撤回同意等法律赋予的权利的方式和程序。如果告知的事项发生了变更，则应当将变更部分再告知个人。

如果个人信息处理者通过制定个人信息处理规则（如隐私政策等）的方式告知有关事项的，应当公开有关处理规则，并且该处理规则要便于查阅和保存，以方便用户反复、随时查阅的需求。

15. 是否存在不需要告知的情况？

【法条】

《个人信息保护法》第 18 条：个人信息处理者处理个人信息，有法律、行政法规规定应当保密或者不需要告知的情形的，可以不向个人告知前条第一款规定的事项。

紧急情况下为保护自然人的生命健康和财产安全无法及时向个人告知的，个人信息处理者应当在紧急情况消除后及时告知。

【解释】

当有相关法律法规明确规定应当保密或者不需要告知的，可以不进行告知。例如《中华人民共和国档案法》规定，应当归档的材料，按照国家有关规定定期向本单位档案机构或者档案工作人员移交，集中管理，任何个人不得拒绝归档或者据为己有。因此，移交个人档案是不需要告知的。

在紧急情况下，为了保护生命健康和财产安全，来不及告知的，可以暂时先不告知，但是事后还是需要按照法律规定的告知条件进行告知。例如，为了给迷路的儿童寻找父母，即使未能征得父母同意，也可以在寻人启事中公开儿童个人照片等必要信息。

16. 个人信息应该被保存多久？

【法条】

《个人信息保护法》第 19 条：除法律、行政法规另有规定外，个人信息的保存期限应当为实现处理目的所必要的最短时间。

【解释】

根据上述法律规定，个人信息的保存期限应当遵循最小必要原则，不能超过实现处理目的所必要的最短时间。但法律并没有对保存期限做统一的规定，有关法律、行政法规可以针对不同的业务场景规定最短保存时间。例如：《网络安全法》第 21 条规定：采取监测、记录网络运行状态、网络安全事件的技术措施，并按照规定留存相关的网络日志不少于六个月。《电子商务法》第 31 条规定：商品和服务信息、交易信息保存时间自交易完成之日起不少于三年。《网络交易管理暂行办法》第 30 条规定：平台内经营者的营业执照或者个人真实身份信息记录保存时间从经营者在平台的登记注销之日起不少于两年，交易记录等其他信息记录备份保存时间从交易完成之日起不少于两年。

17. 共同处理个人信息时的责任如何分配？

【法条】

《个人信息保护法》第 20 条：两个以上的个人信息处理者共同决定个人信息的处理目的和处理方式的，应当约定各自的权利和义务。但是，该约定不影响个人向其中任何一个个人信息处理者要求行使本法规定的权利。

个人信息处理者共同处理个人信息，侵害个人信息权益造成损害的，应当依法承担连带责任。

【解释】

当两个以上的个人信息处理者共同处理个人信息时，应当约定各自的权利和义务。所谓共同处理，是指共同决定个人信息的处理目的和处理方式。在实际生活中，有些企业和银行开发联名信用卡的产品，处理的目的和方式是双方共同决定和作出的，构成共同处理。当共同处理行为侵害个人信息权益造成损害时，对内来说，双方可以自由约定双方各自需要承担的责任比例；但是对外而言，双方会被看作是一个整体，应当依法承担连带责任，即每一方都有义务对用户承担全部的责任。

18. 委托处理个人信息的委托方和受托方分别有什么义务？

【法条】

《个人信息保护法》第 21 条：个人信息处理者委托处理个人信息的，应当与受托人约定委托处理的目的、期限、处理方式、个人信息的种类、保护措施以及双方的权利和义务等，并对受托人的个人信息处理活动进行监督。

受托人应当按照约定处理个人信息，不得超出约定的处理目的、处理方式等处理个人信息；委托合同不生效、无效、被撤销或者终止的，受托人应当将个人信息返还个人信息处理者或者予以删除，不得保留。

未经个人信息处理者同意，受托人不得转委托他人处理个人信息。

【解释】

委托方的义务为：与接受委托的一方签订委托协议，并对受托方的信息处理活动进行监督。委托协议中应该明确规定委托处理的目的是什么、委托处理的期限是多久、通过什么样的方式进行处理、处理的个人信息种类有哪些、采取了何种保护措施以及双方的权利和义务等内容。

接受委托方的义务为：完全按照约定处理个人信息，委托合同不生效、无效、被撤销或者终止后，受托方持有个人信息便没有合法性依据，受托方应当将个人信息返还委托方或者予以删除，不能保留。并且，受托方不能够将自己接受的委托事项再委托给第三方处理，除非个人信息处理者同意。

19. 企业发生合并、分立、解散、被宣告破产等情况需要转移个人信息时该如何处理？

【法条】

《个人信息保护法》第 22 条：个人信息处理者因合并、分立、解散、被宣告破产等原因需要转移个人信息的，应当向个人告知接收方的名称或者姓名和联系方式。接收方应当继续履行个人信息处理者的义务。接收方变更原先的处理目的、处理方式的，应当依照本法规定重新取得个人同意。

【解释】

个人信息处理者发生合并、分立、解散、被宣告破产等情况，意味着个人信息处理者的主体发生变更或者消灭，当需要转移个人信息时，处理者应该向个人告知个人信息接收方的名称或者姓名和联系方式，便于个人联系和监督接收方。

接收方接受个人信息后，应当按照转移之前的规则处理个人信息，不能因为处理个人信息的主体变化，而擅自改变处理个人信息的目的、方式等。如果需要变更处理目的和方式，则需要重新取得个人的同意。

20. 如何将个人信息提供给其他主体？

【法条】

《个人信息保护法》第 23 条：个人信息处理者向其他个人信息处理者提供其处理的个人信息的，应当向个人告知接收方的名称或者姓名、联系方式、处理目的、处理方式和个人信息的种类，并取得个人的单独同意。接收方应当在上述处理目的、处理方式和个人信息的种类等范围内处理个人信息。接收方变更原先的处理目的、处理方式的，应当依照本法规定重新取得个人同意。

【解释】

不同于委托其他主体处理个人信息，将个人信息提供给其他主体是指将其收集的个人信息提供给另外一个主体，并由接收方在约定的范围内（包括范围、目的、方式等）处理。简而言之，就是与第三方共享个人信息，或者向第三方转让个人信息。向第三方提供个人信息应遵循以下规则：

（1）告知个人。个人信息处理者应当保障个人的知情权，向个人告知接收方的名称或者姓名、联系方式、处理目的、处理方式和个人信息的种类，以便个人在充分了解的情况下，决定是否同意。

（2）经个人单独同意。对于向外提供个人信息的行为，除非有其他法定或者约定的理由，否则需要就该提供个人信息的事项取得个人的单独同意，不能与其他事项混在一起让个人一并同意。常见的单独同意方式为通过页面或弹窗单独询问个人是否同意。

（3）接收方应按照约定处理个人信息。接收方接受个人信息后，不能任意处理，而是应当在所告知的处理目的、处理方式和个人信息的种类等范围内处理个人信息。接收方如果想要变更原先的处理目的、处理方式，则应当依照法律规定重新取得个人同意。

21. 什么是大数据杀熟？

【法条】

《个人信息保护法》第 24 条第 1 款：个人信息处理者利用个人信息进行自动化决策，应当保证决策的透明度和结果公平、公正，不得对个人在交易价格等交易条件上实行不合理的差别待遇。

【解释】

大数据杀熟是指企业利用自己所拥有的大数据，利用信息的不对等和交易的优势地位对老客户实行价格歧视的行为。在日常生活中，我们可能会遇到不同的手机购买同一产品时，标明的价格是不相同的。也就是说，对于同样的产品，平台的会员可能比非会员或普通成员的价格更高。例如，经常用打车 APP 的用户，因为其个人偏好已经被企业充分所了解，其打车费用可能会比一般用户更高，这就是大数据杀熟。《个人信息保护法》对于这种滥用大数据杀熟行为，明确予以禁止，规定不得在交易价格等交易条件上实行不合理的差别待遇。

【案例】

某女士是某旅游 APP 享受 8.5 折优惠价的钻石贵宾客户。该女士发现自己通过 APP 的钻石贵宾账户预定的酒店价格比其他消费者贵一倍，该女士遂将该 APP 的运营公司诉至法院。法院审理后认定被告存在虚假宣传、价格欺诈和欺骗行为，违反了消费者权益保护法，判决被告赔偿该女士差价及差价的三倍赔偿金。

22. 我们收到的信息推送、商业营销是否合法？

【法条】

《个人信息保护法》第 24 条第 2 款：通过自动化决策方式向个人进行信息推送、商业营销，应当同时提供不针对其个人特征的选项，或者向个人提供便捷的拒绝方式。

【解释】

法律并没有禁止通过计算机程序自动分析、评估个人的行为习惯、兴趣爱好或者经济、健康、信用状况等，并进行精准的信息推送、商业营销行为，但是应当同时提供不针对其个人特征的选项，或者向个人提供便捷的拒绝方式。举例来说，如果平台了解到某个人喜欢吃苹果，精准推送的信息只有苹果一种类型，那么这种推送就是不合法的。如果推送的信息有苹果，又有其他水果广告；或者是虽然只推送了苹果信息，但是为该个人同时提供了非常方便的拒绝个性化信息推送的方式，那么该信息推送或商业营销就是合法的。

23. 可以将自己合法拥有的他人个人信息公开发布吗？

【法条】

《个人信息保护法》第 25 条：个人信息处理者不得公开其处理的个人信息，取得个人单独同意的除外。

【解释】

个人信息处理者对其处理的个人信息负有安全保障义务，不得擅自公开。如果想要把自己获取的个人信息向不特定公众公开展示，使得大家都能够获取，那么需要取得个人就该事项的单独同意。如果个人不同意自己的信息被不特定人获取，那么合法拥有信息的人就不能公开该个人信息。

24. 可以在公共场所安装人脸识别设备吗？

【法条】

《个人信息保护法》第 26 条：在公共场所安装图像采集、个人身份识别设备应当为维护公共安全所必需，遵守国家有关规定，并设置显著的提示标识。所收集的个人图像、身份识别信息只能用于维护公共安全的目的，不得用于其他目的；取得个人单独同意的除外。

【解释】

安装人脸识别设备采集人脸信息需要同时满足以下四个条件：一是采集地点为公共场所；二是采集目的是为了公共安全所必需的；三是需要遵守国家有关规定；四是需要设置非常明显的提示标志，对人脸的采集和识别进行专门的提示。

当符合以上四个条件时，安装人脸识别设备不需要个人同意。但对于所收集的人脸信息，只能用于维护公共安全的目的，不能用于其他用途。如果因为其他目的需要使用所收集的人脸信息时，应当事先取得个人的单独同意。

【案例】

某公司为了营销的目的，擅自在购物门店安装摄像设备抓取人脸信息并进行分析，以便对新老客户进行精准营销。这种做法就不符合安装采集图像、个人身份识别设备的规定，也不符合信息处理目的要求，构成违法行为，最终被市场监督管理局罚款50万元，并责令改正。

（三）处理敏感个人信息的特殊规则

25. 敏感个人信息包含哪些种类？

【法条】

《个人信息保护法》第28条第1款：敏感个人信息是一旦泄露或者被非法使用，容易导致自然人的人格尊严受到侵害或者人身、财产安全受到危害的个人信息，包括生物识别、宗教信仰、特定身份、医疗健康、金融账户、行踪轨迹等信息，以及不满十四周岁未成年人的个人信息。

【解释】

结合《个人信息保护法》和《信息安全技术　个人信息安全规范》（GB/T 35273—2020）的规定，敏感个人信息的种类大致可分为：个人财产信息、个人健康生理信息、个人生物识别信息、个人身份信息、个人财产信息、不满十四周岁未成年人个人信息、其他信息等。

第一类：个人健康生理信息。主要包括个人因生病医治等产生的相关记录，如病症、住院表、检验报告、用药记录、药物食物过敏信息、生育信息、以往病史、家族病史、现病史、传染病史等。

第二类：个人生物识别信息。主要包括个人基因、指纹，声纹、掌纹、耳廓、虹膜、面部识别特征等。

第三类：个人身份信息。主要包括身份证、军官证、护照、驾驶证、工作证、社保卡、居住证等。

第四类：个人财产信息。主要包括银行账户、存款信息、房产信息、信贷记录、征信信息等。

第五类：不满十四周岁未成年人个人信息。这是对儿童个人信息的特别保护。

第六类：其他信息。主要包括性取向、婚史、宗教信仰、未公开的违法犯罪记录、通信记录和内容、通讯录、好友列表、群组列表、行踪轨迹、网页浏览记录、住宿信息、精准定位信息等。

26. 为什么处理敏感个人信息要求特定的目的和充分的必要性？

【法条】

《个人信息保护法》第 28 条第 2 款：只有在具有特定的目的和充分的必要性，并采取严格保护措施的情形下，个人信息处理者方可处理敏感个人信息。

【解释】

整体来说，与一般的个人信息相比，处理敏感个人信息的要求更高更严格，这是基于敏感个人信息的特点决定的。

在目的方面，特定的目的要求具体且确定，一般具体到某一行为，例如疫情的流调工作，获取的个人轨迹信息等敏感个人信息，不能用于其他目的。

而充分的必要性，是指如果没有敏感个人信息，个人信息处理的目的将无法达成。例如，在小区门禁管理的场景下，物业服务企业收集并保存业主或者物业使用人的姓名、手机号码等一般个人信息的行为通常符合必要原则的要求，但其将人脸识别作为业主或者物业使用人出入物业服务区域的唯一验证方式的行为，则违反了必要原则，业主或者物业使用人有权拒绝并要求其提供替代措施。

此外，处理敏感个人信息还要求个人信息处理者采取严格的保护措施，确保敏感个人信息的安全。

27. 处理敏感个人信息要求单独同意，单独同意的具体要求有哪些？

【法条】

《个人信息保护法》第 29 条第 2 款：处理敏感个人信息应当取得个人的单独同意。

【解释】

单独同意是一种特定的个人信息处理行为及其规则，个人能够独立于其他个人信息处理行为及规则，来作出自主意思表示。其特征主要有四个：充分知情、自愿、明确、单独。

以手机APP需要人脸识别为例，首次开启人脸识别功能时，通过弹窗或跳转专门页面的形式同步告知该功能的信息处理规则（以满足“充分知情”的要求）。该规则应仅包含对人脸识别功能及其信息处理规则的描述而不包括对其他不相关事项的描述（以满足“单独”的要求）。用户通过点击“同意”或“已知悉，并继续使用”等主动性动作清楚地表达自己的意愿（以满足“明确”的要求）。即便用户在阅读信息处理规则后选择不开启该功能，但仍然可以进入下一步程序，或直接继续使用APP的其他功能（以满足“自愿”的要求）。

28. 为何要告知处理敏感个人信息的必要性以及对个人权益的影响？

【法条】

《个人信息保护法》第30条：个人信息处理者处理敏感个人信息的，除本法第十七条第一款规定的事项外，还应当向个人告知处理敏感个人信息的必要性以及对个人权益的影响；依照本法规定可以不向个人告知的除外。

【解释】

这是基于敏感个人信息的特殊性，对个人信息处理者告知义务提出了更高要求。敏感个人信息的处理可能显著地增进个人利益或者公共利益（充分的必要性），但同时也可能给个人的人格尊严以及人身、财产安全带来直接影响。因此，处理者应当告知处理敏感个人信息的必要性以及对个人权益的影响，协助个人清楚地了解处理敏感个人信息的利弊，为个人作出自主决定提供前提条件。

29. 对儿童个人信息有哪些特殊保护？

【法条】

《个人信息保护法》第 31 条：个人信息处理者处理不满十四周岁未成年人个人信息的，应当取得未成年人的父母或者其他监护人的同意。

个人信息处理者处理不满十四周岁未成年人个人信息的，应当制定专门的个人信息处理规则。

【解释】

儿童是祖国的未来，最新的《未成年人保护法》增加了"网络保护"一章。为了体现对儿童个人信息的保护，《个人信息保护法》中也对儿童的个人信息进行着重保护。

第一，将不满十四周岁未成年人个人信息列入敏感个人信息范围。

第二，处理不满十四周岁未成年人个人信息的，应当取得未成年人的父母或者其他监护人的同意。这里的其他监护人，应根据《民法典》的规定理解。《民法典》第 27 条第 2 款规定，未成年人的父母已经死亡或者没有监护能力的，由下列有监护能力的人按顺序担任监护人：(1) 祖父母、外祖父母；

(2) 兄、姐;(3) 其他愿意担任监护人的个人或者组织，但是须经未成年人住所地的居民委员会、村民委员会或者民政部门同意。

第三，应当制定专门的个人信息处理规则。各 APP 如果处理不满十四周岁未成年人的个人信息，除了制定《许可服务协议》《隐私保护政策》外，还要制定专门的处理规则，如《儿童隐私保护声明》等。

除此之外，《儿童个人信息网络保护规定》对于儿童个人信息保护工作有更为细致的要求，如第 8 条规定，网络运营者应当指定专人负责儿童个人信息保护。第 13 条规定，网络运营者应当采取加密等措施存储儿童个人信息，确保信息安全。

（四）个人信息跨境提供规则

30. 跨境提供个人信息应符合哪些条件?

【法条】

《个人信息保护法》第 38 条第 1 款：个人信息处理者因业务等需要，确需向中华人民共和国境外提供个人信息的，应当具备下列条件之一：

(1) 依照本法第四十条的规定通过国家网信部门组织的安全评估；

(2) 按照国家网信部门的规定经专业机构进行个人信息保护认证；

（3）按照国家网信部门制定的标准合同与境外接收方订立合同，约定双方的权利和义务；

（4）法律、行政法规或者国家网信部门规定的其他条件。

【解释】

《个人信息保护法》的出台，为我国个人信息跨境规则确定了方向，并提供了三种跨境方式。第一，通过国家网信部门组织的安全评估；第二，经专业机构进行个人信息保护认证；第三，使用标准合同与境外接收方订立合同，约定双方的权利和义务。上述三种跨境方式，都需要在国家网信部门的指导下，开展具体工作。此外，上述三项规定与国际接轨，体现出我国数据跨境立法的先进性。同时，第四条以兜底的方式，保证了《个人信息保护法》应对数据跨境新情形的灵活性。期待后续出台安全评估指引、专业机构名单以及标准合同文本等具体措施，以保证我国个人信息跨境通道的落地。

31. 有哪些主体需要履行数据本地化和安全评估义务？

【法条】

《个人信息保护法》第 40 条：关键信息基础设施运营者和处理个人信息达到国家网信部门规定数量的个人信息处理者，应当将在中华人民共和国境内收集和产生的个人信息存储在境内。确需向境外提供的，应当通过国家网信部门组织的安全评估；法律、行政法规和国家网信部门规定可以不进行安全评估的，从其规定。

【解释】

需要履行数据本地化和安全评估义务的主体主要有两类，分别是：关键信息基础设施运营者和处理个人信息达到国家网信部门规定数量的个人信息处理者。为了保护个人信息安全，上述两类主体应当将在中国境内收集和产生的个人信息存储在境内。

首先，关于关键信息基础设施运营者的范围。根据《网络安全法》《关键信息基础设施安全保护条例》的规定，关键信息基础设施，是指公共通信和信息服务、能源、交通、水利、金融、公共服务、电子政务、国防科技工业等重要行业和领域的，以及其他一旦遭到破坏、丧失功能或者数据泄露，可能严重危害国家安全、国计民生、公共利益的重要网络设施、信息系统等。

其次，关于其他个人信息处理者所处理的个人信息数量问题。对于数量标准，目前还没有具体规定，需要国家网信部门出台有关规定予以明确。根据国家互联网信息办公室《数据出境安全评估办法（征求意见稿）》的规定，数据处理者向境外提供个人信息，达到以下标准的，应该申报数据出境安全评估：(1) 处理个人信息达到 100 万人的个人信息处理者向境外提供个人信息；(2) 累计向境外提供超过 10 万人以上个人信息或者 1 万人以上敏感个人信息。

32. 个人信息跨境提供的告知同意要求有哪些？

【法条】

《个人信息保护法》第 39 条：个人信息处理者向中华人民共和国境外提供个人信息的，应当向个人告知境外接收方的名称或者姓名、联系方式、处理目的、处理方式、个人信息的种类以及个人向境外接收方行使本法规定权利的方式和程序等事项，并取得个人的单独同意。

【解释】

由于个人信息跨境流动可能涉及众多新情形，例如，境外接收方为全新主体，境外接收方所在地的个人信息保护政策不一致，境外接收方是否存在信息泄露事件等。在跨境过程中，个人信息处理者应当履行以下义务：

第一，向个人履行告知义务。具体包括境外接收方的名称或者姓名、联系方式、处理目的、处理方式、个人信息的种类以及个人向境外接收方行使本法规定权利的方式和程序等事项。

第二，取得个人的单独同意。个人信息跨境流动风险较大，法律设定了单独同意的高标准。

（五）个人在个人信息处理活动中的权利

33. 个人对哪些事项享有知情权以及如何实现知情权？

【法条】

《个人信息保护法》第 44 条：个人对其个人信息的处理享

有知情权、决定权，有权限制或者拒绝他人对其个人信息进行处理；法律、行政法规另有规定的除外。

【解释】

知情权是保护个人信息的始点和基础，是处理个人信息透明度的体现。收集和使用个人信息之前需要充分告知个人，个人有权利知道其信息正在被收集和使用这一基本事实。如果是首次收集个人信息，应当在收集个人信息之前进行告知；如果收集个人信息之后使用目的和方式等重大事项发生变更，还应当再次告知。这是一个动态的过程，贯穿于个人信息收集、使用、共享、删除、销毁整个生命周期。同时，个人的社会教育背景不同，这要求告知所使用的语言应当清晰易懂、简洁平实，如果必须使用行业、法律、技术术语，应当作出直白的解释。

实践中通过手机、传感器、摄像头等网络设备收集个人信息通常以三种方式实现知情权：(1) 使用手机 APP 提供的服务，需要向 APP 运营者提供部分个人信息才可以使用服务。首次安装 APP 或者安装后首次注册账号时，通常可以通过单独的界面弹窗、可点击展开的个人信息保护链接、公开网站来查看哪些个人信息将被收集及如何使用，例如“个人信息保护政策”或者“隐私政策”，独立于“用户协议”或者“软件许可协议”等文档。(2) 如果单独或者和 APP 结合使用其他网络设备（例如健康手表等），个人也有权通过 APP 或者这些网络设备获知个人信息被收集使用的情况，网络设备首次开启时或者在纸质使用说明书中查看收集使用个人信息的情况，APP运营者有义务进行说明。(3) 知情权的行使和保障途径还包括在一些场所（例如商场、安检、大门等）张贴醒目的标识，进行简短说明，并提供二维码等供扫码进一步了解个人信息处理情况。

根据《个人信息保护法》第 17 条的规定，知情权的内容包括：个人信息处理者的名称或者姓名和联系方式；个人信息的处理目的、处理方式，处理的个人信息种类、保存期限；个人行使权利的方式和程序；法律、行政法规规定应当告知的其他事项。

除了上述个人信息处理者应当主动告知的事项，在个人对处理个人信息有疑问时，有权进行查询、要求个人信息处理者进行解释说明。个人信息处理者可以提供可随时查询的便捷方式，例如通过 APP 用户账户里的“设置”或者“隐私”功能进行查询，也可以在个人问询时进行进一步说明，如果因为商业秘密等原因无法说明，应当告知理由。

知情权还包括个人有权根据《个人信息保护法》第 57 条的规定了解数据泄露的情况。

34. 什么是个人信息决定权？

【法条】

《个人信息保护法》第 44 条：个人对其个人信息的处理享有知情权、决定权，有权限制或者拒绝他人对其个人信息进行处理；法律、行政法规另有规定的除外。

【解释】

个人有权决定提供或者不提供个人信息，在提供个人信息之后还可以改变主意不再提供，对于个人信息的使用方式和使用范围也可以加以控制。决定权最主要体现在个人选择同意或者不同意收集或者使用个人信息方面，还体现在对整个个人信息处理环节的自主控制。

在通过电脑或者手机访问网络或者在出入一些场所时，会出现不知情的情况下个人信息就被收集的情况。有时候是由于没有时间或者兴趣阅读告知事项，有时候是由于个人信息处理者默认个人同意信息被收集。决定权实际上给予个人事后改变、选择退出的机会，使得处理信息尽量符合个人真实意愿。

决定权为整体性规定，具体可以分解为同意权，限制、拒绝处理权，撤回同意权，复制、转移权，更正、补充权，删除权等。在没有对应具体权利项时，可以直接依据决定权提出权利主张。

35. 限制、拒绝处理权的具体表现形式是什么？

【法条】

《个人信息保护法》第 44 条：个人对其个人信息的处理享有知情权、决定权，有权限制或者拒绝他人对其个人信息进行处理；法律、行政法规另有规定的除外。

【解释】

个人不仅可以决定是否提供个人信息及提供个人信息的种类，还可以决定个人信息的处理方式，限制、拒绝、反对以特定方式处理个人信息。在这种情况下，个人仍然同意信息被收集、存储和使用，并未撤回同意或者要求删除个人信息。

有时候提供个人信息仅为满足基本服务需求，个人可以限制甚至拒绝对个人信息的深度分析和处理，例如根据个人购买的商品推断个人的消费习惯，从而根据个人喜好推送商品或者发送广告，甚至基于个人信息对个人做出有重大影响的决策(例如贷款发放或者申请政府福利等)。

例如，互联网公司向大众提供免费的信息服务，通过广告收入维持营收。个人信息处理者直接或者从其他渠道间接收集的个人信息被分类整理，然后按照多个维度给用户群体或者用户个人贴上标签（例如年龄段、居住城市、性别等)，这一过程被形象地称为“用户画像”；获得“用户画像”信息后，进一步分析和预测用户群体或者用户个人的行为，从而精准推送信息或者广告，这一过程就是“定向推送”；如果再进一步根据这些信息做出对个人有影响力的决定，则为“自动化决策”。当然，自动化决策可以依据“用户画像”反映的信息进行，也可以不依据这些信息而直接做出，例如在面试筛选简历时，可以根据简历提供的信息决定进入复试的人选，并不需要结合更多的信息对候选人进行画像。

个人有权要求用户画像和自动化决策的透明度，了解自动化处理算法的基本工作原理及保障公平、公正的基本措施。通过自动化决策方式作出对个人权益有重大影响的决定，个人有权要求个人信息处理者予以说明，对于自动化决策结果不满意，个人可以要求进行人工复核。

除了限制、拒绝、反对用户画像、定向推送、自动化决策，在一些其他情况下也可以要求暂停处理个人信息。例如，个人要求删除个人信息，但是个人信息处理者认为根据法律或者正当业务需要不能删除，在这种情况下，可以暂时停止对个人信息的处理，以避免更大的损害后果发生。再如，个人要求更正不准确的金融或者医疗信息，但是发放贷款的金融机构或者医院却持有不同意见，也可以暂停处理有争议的信息。个人还可以限制个人信息对外展示、公开的范围。

36. 个人是否享有撤回同意权及撤回同意的后果是什么？

【法条】

《个人信息保护法》第 15 条：基于个人同意处理个人信息的，个人有权撤回其同意。个人信息处理者应当提供便捷的撤回同意的方式。

个人撤回同意，不影响撤回前基于个人同意已进行的个人信息处理活动的效力。

【解释】

个人提供个人信息之后，并非就对个人信息失去了控制，如果最初收集个人信息是基于自愿和同意，则个人可以自由地撤回同意。当然，在无须个人同意就可以收集使用个人信息的情况下，本条撤回同意权并不适用。例如，在使用照片修改软件时，必须提供照片才能使用服务，个人可以自行删除存在手机中的照片或者要求删除存在后台服务器的照片，达到和撤回同意相同的效果。

撤回同意的方式应当方便快捷。例如通过手机 APP 提供地理位置信息，接受推荐周边商户，个人可以随时开启或者关闭这一功能。如果在 APP 功能设置中撤回同意的方式很隐蔽、不方便，则撤回同意的权利并未得到充分保障。

撤回同意的效果必须真实。例如在关闭 APP 对外展示最近上网动态功能后，在合理的时间内，个人的上网动态不应当再对外展示，否则撤回同意并未产生预期效果。撤回同意后，如果撤回同意的个人信息为提供服务所必需，可能导致全部或者部分服务功能无法使用，此时个人信息处理者无须承担责任。

在个人自愿同意提供个人信息后，个人信息处理者将按照既定目的使用个人信息，个人撤回同意属于事后行为，不影响撤回同意前使用个人信息的合法性，但是个人信息处理者应当停止继续使用，并且删除个人信息。如果个人信息处理者未主动删除，个人有权要求删除。当然有时候在个人撤回同意后，还需要按照法律规定留存个人信息至一定期限，则应当在期限届满后再删除。

《个人信息保护法》第 16 条还规定，个人信息处理者不得以个人不同意处理其个人信息或者撤回同意为由，拒绝提供产品或者服务；处理个人信息属于提供产品或者服务所必需的除外。该条是为了防止个人信息处理者利用优势地位，以个人不同意提供个人信息或撤回同意为由而拒绝提供产品或者服务。例如，用户关闭地理位置信息权限后不能使用餐饮外卖 APP 浏览信息功能，就属于这种情况，因为用户可以手动输入地理位置信息或者不基于地理位置浏览信息。

37. 查阅权的内容和行使途径有哪些？

【法条】

《个人信息保护法》第 45 条第 1、2 款：个人有权向个人信息处理者查阅、复制其个人信息；有本法第 18 条第 1 款、第 35 条规定情形的除外。

个人请求查阅、复制其个人信息的，个人信息处理者应当及时提供。

【解释】

查阅权是知情权的一种延续和具体体现，为个人提供了一种途径，在信息被收集之后再次主动访问查看，了解哪些信息被收集以及被怎样处理。个人查阅、访问个人信息时，至少可以请求了解：(1) 被收集使用的个人信息的种类；(2) 这些信息被用于哪些目的；(3) 这些信息的处理方式，如何进行用户画像；(4) 个人信息是否与第三方共享，是否存放在境外；(5) 个人信息处理者所掌控的个人信息来源，是否有间接从其他渠道收集的个人信息等。

在个人提出查阅请求后，个人信息处理者有责任在实际可行的较短时间内（例如 15 个工作日）进行响应，按照既定流程满足个人的查阅要求。在个人通过手机 APP 提供个人信息并使用服务时，有的 APP 账户设置中可以提供已经收集的个人信息的基本情况，供个人随时查阅。

无论是商业组织还是国家机关处理个人信息，都有责任告知个人并且保障个人查阅权。但是，在法律明确规定需要保密或者告知将妨碍国家机关履行法定职责等时，可以不告知，个人无权查阅；在紧急情况下，无法及时告知的，也应当在紧急情况解除后及时说明情况。除此之外，如果具备正当商业目的，个人信息处理者也可以拒绝查阅要求，例如涉及知识产权和商业秘密的算法技术的详细原理。

38. 什么是复制、转移权及行使权利时可能受到的限制?

【法条】

《个人信息保护法》第 45 条：个人有权向个人信息处理者查阅、复制其个人信息；有本法第 18 条第 1 款、第 35 条规定情形的除外。

个人请求查阅、复制其个人信息的，个人信息处理者应当及时提供。

个人请求将个人信息转移至其指定的个人信息处理者，符合国家网信部门规定条件的，个人信息处理者应当提供转移的途径。

【解释】

在查询、访问个人信息的基础上，个人有权获得被处理的个人信息副本，例如传统模式下个人要求银行提供纸质的交易明细，在网络环境下要求个人信息处理者发送邮件提供电子文本，甚至在技术可行情况下以机器可读的格式提供原始数据。

个人不仅有权查阅、复制其个人信息，还可以请求将个人信息从当前个人信息处理者转移至其他个人信息处理者。通常情况下转移个人信息需要借助技术手段，这也可以被称作“可携带权”或者“可移植权”，是个人对数据流通的控制。个人信息处理者应当提供转移的途径，当然个人行使该权利受制于信息处理者之间是否有数据传输的接口等技术条件或者处理者之间的商业合作紧密度，并且应当符合中国网信部门具体规定的条件。

在复制或者转移个人信息过程中，可能还涉及其他人的个人信息。例如，银行转账记录中包括付款方和收款方姓名、账号；再如，通过社交媒体发布的信息中包含其他人的图像、言论。在这种情况下，为了不侵犯其他人的权益，个人信息处理者可以进行合理筛选与屏蔽，个人并不能复制或者转移全部信息。

如果复制或者转移个人信息导致成本过大，法律并未禁止个人信息处理者收取合理的费用。

39. 如何行使更正、补充权？

【法条】

《个人信息保护法》第 46 条：个人发现其个人信息不准确或者不完整的，有权请求个人信息处理者更正、补充。

个人请求更正、补充其个人信息的，个人信息处理者应当对其个人信息予以核实，并及时更正、补充。

【解释】

个人有权要求个人信息被准确和完整地处理。个人发现其个人信息不准确或者不完整的，有权请求个人信息处理者更正、补充。个人请求更正、补充其个人信息的，个人信息处理者应当对其个人信息予以核实，并及时更正、补充。

对于引发更正和补充的原因，有的是因为信息错误，有的是随着时间推移信息不再准确或者产生了新的信息，个人均有权要求进行修改、删除、补充。个人在请求更正、补充个人信息时，需要提供基本的事实以及对更正、补充的理由进行说明和提供相应的支持文件或者证据。

在个人信息处理者响应更正、补充请求时，需要核实请求的准确性以保证数据质量，留存处理请求的记录，尤其在个人和个人信息处理者就信息是否准确或者完整持有不同意见时，处理记录可以反映处理请求和处理过程，避免事实不清楚引发的纠纷。

40. 哪些情况下应当删除个人信息？

【法条】

《个人信息保护法》第 47 条：有下列情形之一的，个人信息处理者应当主动删除个人信息；个人信息处理者未删除的，个人有权请求删除：

（1）处理目的已实现、无法实现或者为实现处理目的不再必要；

（2）个人信息处理者停止提供产品或者服务，或者保存期限已届满；

（3）个人撤回同意；

（4）个人信息处理者违反法律、行政法规或者违反约定处理个人信息；

（5）法律、行政法规规定的其他情形。

法律、行政法规规定的保存期限未届满，或者删除个人信息从技术上难以实现的，个人信息处理者应当停止除存储和采取必要的安全保护措施之外的处理。

【解释】

删除权是非常重要的一项个人信息权利。从个人主观意愿角度来看，希望彻底将个人信息从所有处理环节移除；从个人信息处理者角度来看，是满足个人信息最短存储时限要求的体现。

《个人信息保护法》规定了 5 种应当删除个人信息的情况。但是，删除权的行使具有较多的例外。除了上述原则性的规定可做多种解释之外，法律还明确规定：法律、行政法规规定的保存期限未届满，或者删除个人信息从技术上难以实现的，个人信息处理者应当停止除存储和采取必要的安全保护措施之外的处理。例如，为了反欺诈、灾备等商业或者技术原因，可以合理留存日志等原始数据。

个人请求删除的信息可能仅被特定个人信息处理者掌握或者仅对一部分其他个人开放，也有可能为网络公开信息。对于网络公开信息而言，在目前司法实践中，判例仅支持在信息违法违约或者错误等前提下，个人才有权要求删除。如果其搜索结果体现的信息是合法公开和真实的，目前法律并没有赋予个人绝对的要求搜索网站清除网络中和该个人自身相关的信息的权利。例如个人无权因为曾经就职的公司名声不好，就要求删除网上自己曾经就职于该公司的信息，因为这个信息本身是真实的。这主要基于两方面考虑：一是需要保障其他个人对网络信息的知情权；二是要求搜索网站过滤每一条信息的技术成本过大。当然，如果信息是非法公开的信息或者是错误的信息，个人有权利要求更正或者删除。在违法违约的情况下，个人可以请求更正、删除、屏蔽、断开连接相关信息。

41. 个人如何实现要求解释说明权？

【法条】

《个人信息保护法》第 48 条：个人有权要求个人信息处理者对其个人信息处理规则进行解释说明。

【解释】

个人有权要求个人信息处理者对其个人信息处理规则进行解释说明。解释说明的内容一般包括对个人信息种类、收集方式、使用目的、第三方共享、跨境传输、保障个人信息安全的组织和技术措施进行解释说明。

在发展人工智能技术过程中，对数据的依赖程度更高，涉及大量处理人脸识别、声音、声纹、医疗健康等敏感信息，数据采集方式更加多样和隐蔽，数据处理涉及更多的自动化、机器学习和算法，数据安全和隐私保护问题更加突出。为保障个人权益，个人信息处理者需要记录数据处理过程，强调数据处理过程可回溯和查验，将人工智能处理数据“谁也说不清楚”黑匣子风险降到最低。数据处理者有责任合理设计解释说明的内容，适当地提醒用户免责事项，在成本可控前提下，通过图例、动画等方式浅显易懂地解释人工智能工作原理。

42. 个人行使个人信息权利时的其他注意事项有哪些？

（1）各种权利的交叉适用

根据《个人信息保护法》赋予的个人信息权利，个人有权控制个人信息收集和使用的整个环节，某项权利的满足可能需要多项权利共同实现。例如，知情权包含“告知”的要求，具体还包含查阅权、要求解释说明权；决定权包含“同意”的要求，具体还包含限制、拒绝处理权，撤回同意权，转移权，更正补充权，删除权；请求删除网络上不准确的信息，可涉及限制、拒绝处理权，删除权，撤回同意权；请求复制个人信息，可涉及知情权、复制权、要求解释说明权等。

《个人信息保护法》下的个人权利与其他法律也有可能交叉适用。例如，个人姓名、声音、肖像、征信信息既属于《个人信息保护法》规定的个人信息，又受到《民法典》和其他法律、行政法规的保护；病历资料等私密信息属于《民法典》中的隐私权保护对象，同时也属于《个人信息保护法》保护的个人信息。

（2）个人行使权利的例外

个人行使权利如果与国家利益、公共利益或者他人重大人身、财产等权益相冲突时，个人信息权利将受到合理限制。例如，法律、行政法规规定应当保密或者不需要告知、紧急情况下为保护自然人的生命健康和财产安全无法及时向个人告知、告知将妨碍国家机关履行法定职责等，个人知情权受到限制。

（3）个人权利的实现途径

《个人信息保护法》第 50 条规定，个人信息处理者应当建立便捷的个人行使权利的申请受理和处理机制。如果拒绝个人行使权利的请求时，应当说明理由。个人信息处理者拒绝个人行使权利的请求的，个人可以依法向人民法院提起诉讼。

以手机 APP 用户为例，个人可以通过手机 APP“个人信息保护政策”或者“隐私政策”中提供的联系方式与个人信息处理者取得联系，也可以通过账户设置中的在线客服提出请求，具体方式包括电话、电子邮件、信函等。个人信息处理者有责任详细、清晰地公示联系方式、负责部门、联系人、地址等，并且保证联系方式真实有效。

此外，个人信息处理者还有责任公示外部投诉方式以及纠纷解决途径，个人可以向主管部门投诉或者向人民法院等争议解决机构起诉。《个人信息保护法》第 70 条还规定了公益诉讼制度，个人信息处理者违反《个人信息保护法》规定处理个人信息，侵害众多个人权益的，人民检察院、法律规定的消费者组织和由国家网信部门确定的组织可以依法向人民法院提起诉讼。

（4）响应个人权利请求的时间

个人信息处理者有责任及时响应个人提出的权利诉求并且及时提出方案和解决问题。在行业实践中，比较常见的为 15 个工作日内响应个人权利诉求，个人信息处理者有责任公示这一时间，并且建立内部处理流程和制度。

为了改善用户体验，有些权利请求可以快速响应。例如，用户关闭定向推送选项，个人信息处理者应当及时停止定向推送；用户停止授权收集 Cookie，个人信息处理者应当及时清除缓存和从服务器中删除或者彻底停止使用。

（5）个人行使权利的费用

一般情况下，个人需要自付费用向个人信息处理者主张权利，个人信息处理者也不应收取额外的费用。但是，如果个人没有正当理由，甚至是恶意、反复提出难以实现或者耗费巨额成本的请求时，个人信息处理者可以收取合理费用。个人信息处理者有责任提前说明收费情况。

(6) 核验身份

个人提出个人信息权利请求后，个人信息处理者需要核实个人身份，以确认为本人或者有权操作人提出的请求。例如，需要核实父母与儿童的身份关系或者近亲属与死者关系后才能代为行使个人信息权利。这时，可能需要个人提供更多的个人信息以确定身份。

(六) 个人信息处理者的义务

43. 个人信息处理者应履行哪些安全保护义务?

【法条】

《个人信息保护法》第 51 条：个人信息处理者应当根据个人信息的处理目的、处理方式、个人信息的种类以及对个人权益的影响、可能存在的安全风险等，采取下列措施确保个人信息处理活动符合法律、行政法规的规定，并防止未经授权的访问以及个人信息泄露、篡改、丢失：

(1) 制定内部管理制度和操作规程；

(2) 对个人信息实行分类管理；

(3) 采取相应的加密、去标识化等安全技术措施；

(4) 合理确定个人信息处理的操作权限，并定期对从业人员进行安全教育和培训；

（5）制定并组织实施个人信息安全事件应急预案；

（6）法律、行政法规规定的其他措施。

【解释】

个人信息处理者对所处理的个人信息负有安全保护义务。个人信息处理者所采取的保护措施应当与个人信息的处理目的、处理方式、个人信息的种类以及对个人权益的影响、可能存在的安全风险相匹配，以防止未经授权的访问以及个人信息泄露、篡改、丢失。常见的安全保护措施主要有：

（1）建章立制。处理个人信息的企业应该就个人信息收集、存储、使用、加工、传输、提供、公开、删除各个环节制定企业内部管理制度和操作规程；

（2）分类管理。对个人信息按照不同的内容（例如：身份信息、财产信息、通信信息等不同内容进行分类）、是否为敏感个人信息等标准进行分类；

（3）加密或去标识化。个人信息处理者在传输和存储个人信息时，应采用加密等安全措施，收集个人信息后，应对个人信息进行技术处理，使其在不借助额外信息的情况下无法识别特定自然人。

（4）设置操作权限。根据员工的不同岗位和不同职责，为员工设置不同的操作权限。操作权限应该是该员工完成其本职工作所需要的个人信息范围，不能过度授权，令该员工处理、访问其非工作必要的个人信息。

（5）开展安全教育。在新员工入职培训时增加个人信息保护的教育培训内容，在日常工作中定期为特定岗位、法律人员、高层管理人员及相关技术人员开展个人信息保护的教育与培训，对所有员工针对个人信息保护相关法律法规、内部管理制度及操作规程等进行培训。

（6）制定应急预案。个人信息处理者应该制定完善的应急预案制度，同时定期组织相关人员开展个人信息保护应急响应培训和事件发生时的应急演练。

44. 个人信息处理者如何履行其合规审计义务？

【法条】

《个人信息保护法》第54条：个人信息处理者应当定期对其处理个人信息遵守法律、行政法规的情况进行合规审计。

【解释】

合规审计的目的在于揭露和查处被审计的个人信息处理者的违法、违规行为，促使其活动符合国家法律、法规、方针政策及内部控制制度等要求。

在合规审计中，审计人员应确定个人信息处理者是否遵循了现行个人信息保护的法律法规以及行业标准或合同责任的要求。例如：审查现行的个人信息保护政策、相关规程和安全措施是否符合现行法律的规定；审查是否存在个人信息违规使用、滥用等情况。

45. 哪些个人信息处理行为需要事先进行个人信息保护影响评估？

【法条】

《个人信息保护法》第 55 条：有下列情形之一的，个人信息处理者应当事前进行个人信息保护影响评估，并对处理情况进行记录：

（1）处理敏感个人信息；

（2）利用个人信息进行自动化决策；

（3）委托处理个人信息、向其他个人信息处理者提供个人信息、公开个人信息；

（4）向境外提供个人信息；

（5）其他对个人权益有重大影响的个人信息处理活动。

【解释】

个人信息保护影响评估主要是针对个人信息处理活动，检验其合法合规程度，判断其对个人合法权益造成损害的各种风险，以及评估用于保护个人权益各项措施的有效性。

开展个人信息保护影响评估，主要是针对那些对个人权益有重大影响的个人信息处理行为。通过事前的影响评估来保障个人的合法权益不受到重大影响。《个人信息保护法》明确规定了 6 种情形：（1）处理生物识别信息、宗教信仰信息、医疗健康信息、金融账户信息等敏感个人信息；（2）通过计算机程序自动分析、评估个人的行为习惯、兴趣爱好或者经济、健康、信用状况等，并进行决策；（3）委托其他主体处理个人信息；(4) 将个人信息提供给其他方，由其他方全权处理个人信息；(5) 向不特定人公开个人信息；(6) 向境外接收方提供个人信息。除了上述情形外，对于其他对个人权益有重大影响的个人信息处理活动，也需要进行事前风险影响评估。

46. 个人信息保护影响评估应该评估哪些方面呢？

【法条】

《个人信息保护法》第 56 条：个人信息保护影响评估应当包括下列内容：

(1) 个人信息的处理目的、处理方式等是否合法、正当、必要；

(2) 对个人权益的影响及安全风险；

(3) 所采取的保护措施是否合法、有效并与风险程度相适应。

个人信息保护影响评估报告和处理情况记录应当至少保存三年。

【解释】

个人信息保护影响评估的内容主要包括三个方面：

第一，评估个人信息处理行为本身是否合法合规。个人信息处理活动的目的和处理方式是否符合法律的规定；从伦理上判断是否具有正当性；个人信息处理行为是否具有必要性。

第二，评估对个人权益的风险。个人信息处理行为对个人权利及利益的影响如何；处理行为是否会带来安全风险。

第三，评估保护措施。当出现安全风险时，所采取的保护措施是否符合法律的规定；该保护措施是否能够真正地起到保护效果；保护措施是否与风险程度相适应等等。

47. 在发生个人信息安全事件时，个人信息处理者的补救、通知义务有哪些？

【法条】

《个人信息保护法》第57条：发生或者可能发生个人信息泄露、篡改、丢失的，个人信息处理者应当立即采取补救措施，并通知履行个人信息保护职责的部门和个人。通知应当包括下列事项：

（1）发生或者可能发生个人信息泄露、篡改、丢失的信息种类、原因和可能造成的危害；

（2）个人信息处理者采取的补救措施和个人可以采取的减轻危害的措施；

（3）个人信息处理者的联系方式。

个人信息处理者采取措施能够有效避免信息泄露、篡改、丢失造成危害的，个人信息处理者可以不通知个人；履行个人信息保护职责的部门认为可能造成危害的，有权要求个人信息处理者通知个人。

【解释】

当发生或者可能发生个人信息泄露、篡改、丢失等安全事件时，个人信息处理者负有以下义务：

（1）补救义务。只要发现了个人信息已经或者可能泄露、篡改、丢失的情形时，就应该立即采取补救措施，避免损失的发生或扩大。

（2）通知义务。当发生或者可能发生个人信息泄露、篡改、丢失等安全事件时，需要向相关部门和个人通知。如果采取措施能够有效避免信息泄露、篡改、丢失情况下的危害，那么此时可以不用通知个人，但是依然需要通知相关部门。如果不能有效避免危害，或者相关部门认为可能造成危害要求通知的，需要向相关部门和个人发送通知。

通知的具体内容包括：发生或者可能发生信息安全事件的原因、可能造成的危害以及涉及的具体信息种类；个人信息处理者采取的补救措施和被通知的个人可以采取的减轻危害的措施；个人信息处理者的联系方式。

48. 大型互联网平台等个人信息处理者的特殊义务有哪些？

【法条】

《个人信息保护法》第 58 条：提供重要互联网平台服务、用户数量巨大、业务类型复杂的个人信息处理者，应当履行下列义务：

（1）按照国家规定建立健全个人信息保护合规制度体系，成立主要由外部成员组成的独立机构对个人信息保护情况进行监督；

（2）遵循公开、公平、公正的原则，制定平台规则，明确平台内产品或者服务提供者处理个人信息的规范和保护个人信息的义务；

（3）对严重违反法律、行政法规处理个人信息的平台内的产品或者服务提供者，停止提供服务；

（4）定期发布个人信息保护社会责任报告，接受社会监督。

【解释】

具有特殊义务的平台企业包括以提供的内容为评价标准的重要互联网平台服务的平台企业、以用户数量为评价标准的数量巨大的平台企业、以业务类型的难易程度为评价标准的业务类型复杂的平台企业。这些平台企业规模大且业务重要，扮演市场"看门人"角色，在市场上具有举足轻重的地位。

《个人信息保护法》对这类重要、重大互联网平台企业进行分类管理，在其处理个人信息时，赋予特殊的义务，具体包括：

（1）建立健全合规制度体系，成立独立监督机构。该独立机构主要由外部成员组成，以便更好地监督个人信息处理情况。

（2）制定平台规则。主要是制定约束平台内产品或者服务提供者处理个人信息的规范，明确其保护个人信息的义务。

（3）制定惩罚机制。平台内的产品或者服务提供者在处理个人信息时，如果严重违反法律、行政法规，应停止提供服务。

（4）履行社会责任。要定期发布个人信息保护社会责任报告，接受社会监督。

（七）个人信息民事保护

49. 在个人信息侵权诉讼中，个人如何举证？

【法条】

《个人信息保护法》第 69 条第 1 款：处理个人信息侵害个人信息权益造成损害，个人信息处理者不能证明自己没有过错的，应当承担损害赔偿等侵权责任。

【解释】

考虑到在实际诉讼中，个人与个人信息处理者之间地位悬殊，很多证据都掌握在个人信息处理者手中，法律规定将这类案件的归责原则确定为过错推定原则，即如果个人信息权益遭到损害，则推定个人信息处理者存在过错。个人仅需就侵权行为、侵权结果和因果关系进行简单的证明，由个人信息处理者证明自己没有过错。

50. 侵害个人信息应承担哪些民事责任？

【法条】

《民法典》第 179 条第 1 款：承担民事责任的方式主要有：

（1）停止侵害；

（2）排除妨碍；

（3）消除危险；

（4）返还财产；

（5）恢复原状；

（6）修理、重作、更换；

（7）继续履行；

（8）赔偿损失；

（9）支付违约金；

（10）消除影响、恢复名誉；

（11）赔礼道歉。

《民法典》第 1167 条：侵权行为危及他人人身、财产安全的，被侵权人有权请求侵权人承担停止侵害、排除妨碍、消除危险等侵权责任。

【解释】

个人信息权益被侵犯，属于侵权纠纷。常见的个人信息侵权责任，依据《民法典》的规定。以企业通过公众号文章非法公开个人信息为例，可采用的责任形式有：

（1）停止侵害、排除妨害。涉事企业立刻删除公开个人信息的文章。

（2）赔偿损失。涉事企业对被公开信息的个人所受损失根据具体影响进行赔偿。

（3）赔礼道歉、消除影响。涉事企业在有影响力的新闻、报纸等位置进行公开的道歉。

51. 个人信息权益被侵犯，但无法确定赔偿数额，起诉时应该如何确定损失金额？

【法条】

《个人信息保护法》第 69 条第 2 款：前款规定的损害赔偿责任按照个人因此受到的损失或者个人信息处理者因此获得的利益确定；个人因此受到的损失和个人信息处理者因此获得的利益难以确定的，根据实际情况确定赔偿数额。

《最高人民法院关于审理利用信息网络侵害人身权益民事纠纷案件适用法律若干问题的规定》第 12 条第 2 款：被侵权人因人身权益受侵害造成的财产损失以及侵权人因此获得的利益难以确定的，人民法院可以根据具体案情在 50 万元以下的范围内确定赔偿数额。

【解释】

《民法典》《个人信息保护法》已明确将涉及个人信息的各项权利明确为人格权益。根据利益填补规则，损害赔偿责任按照个人因此受到的损失或者个人信息处理者因此获得的利益确定。但在日常生活中，侵犯个人信息权益的方式往往是个人信息被非法泄露或被非法公开等，常常难以确定侵权行为带来的实际财产损失或因此获得的利益。对此，我们可以根据最高院的规定，在 50 万元以下的范围内确定自己的起诉金额。

【案例】

在赵某与某房屋中介公司的纠纷中，房屋中介公司的员工擅自用赵某的信息为他人办理居住证，但未给赵某带来其他经济损失。关于赵某个人信息权益赔偿金额的认定，法院认可了赵某 10 万元经济损失赔偿金额的请求。

52. 有权提起公益诉讼的主体有哪些？

【法条】

《个人信息保护法》第 70 条：个人信息处理者违反本法规定处理个人信息，侵害众多个人的权益的，人民检察院、法律规定的消费者组织和由国家网信部门确定的组织可以依法向人民法院提起诉讼。

【解释】

这项规定属于公益诉讼的范畴，与一般私益诉讼维护个人和组织自身权益相比，公益诉讼的根本目的是维护国家利益和社会公共利益。具体到个人信息保护的公益诉讼中，可以提起的主体共有三类，分别是：人民检察院、法律规定的消费者组织和由国家网信部门确定的组织。

【案例】

2020 年 7 月，某公司发现有媒体刊发“某地一冷冻仓库部分进口冷冻食品包装新冠病毒核酸呈阳性”的消息后，通过其微信公众号发布文章《某地已购该进口冷冻食品顾客名单》，该名单涉及 1 万余名消费者的住址、电话、姓名、身份证号等个人信息，被大量转载传播。对该公司非法泄露众多消费者个人信息的行为，重庆市消费者权益保护委员会为维护众多不特定消费者的合法权益，决定提起民事公益诉讼，诉请法院判令该公司在《中国消费者报》上刊登书面道歉信，公开赔礼道歉；自判决生效起 1 年内策划、制作、发布原创的消费领域公益宣传活动 4 次以上。如被告不履行，少 1 次公益活动则赔偿损失 2 万元，赔偿金用于原告开展消费宣传、消费教育、消费体察、消费调查等公益活动。

2021 年 9 月，本案经重庆市第一中级人民法院开庭审理后，被告认可其侵权行为，愿意承担相应的法律责任，按照原告的诉求，向消费者赔礼道歉，并制作、发布消费公益宣传。

该案是《个人信息保护法》颁布后，全国开庭审理的第一例有关个人信息保护的民事公益诉讼案件。

（八）个人信息行政保护

53. 履行个人信息保护职责的机构有哪些？

【法条】

《个人信息保护法》第 60 条：国家网信部门负责统筹协调个人信息保护工作和相关监督管理工作。

国务院有关部门依照本法和有关法律、行政法规的规定，在各自职责范围内负责个人信息保护和监督管理工作。

县级以上地方人民政府有关部门的个人信息保护和监督管理职责，按照国家有关规定确定。

前两款规定的部门统称为履行个人信息保护职责的部门。

【解释】

《个人信息保护法》规定的履行个人信息保护职责的部门包括国家网信部门、国务院其他部门和县级以上地方人民政府有关部门。其中国家网信部门和国务院有关部门统称为履行个人信息保护职责的部门。

（1）国家网信部门是指中央网络安全和信息化委员会及其办公室（中央网信办）。中央网信办设在国家互联网信息办公室（简称国家网信办），一个机构两块牌子。

（2）履行个人信息保护职责的国务院其他部门主要包括工信部、公安部等。工信部依法对电信和互联网等信息通信服务实行监管，承担互联网行业管理，并承担用户权益和个人信息保护等监管工作。公安部负责打击侵犯个人信息的违法犯罪行为。其他部委，如商务部、交通运输部、教育部等，在各自职责范围内负责个人信息保护和监督管理工作。

（3）县级以上地方人民政府履行个人信息保护职责的部门包括地方网信部门和其他部门，其对个人信息的保护和监督管理职权按照国家有关规定确定。

54. 履行个人信息保护职责的部门具有哪些个人信息保护职责？

【法条】

《个人信息保护法》第 61 条：履行个人信息保护职责的部门履行下列个人信息保护职责：

（1）开展个人信息保护宣传教育，指导、监督个人信息处理者开展个人信息保护工作；

（2）接受、处理与个人信息保护有关的投诉、举报；

（3）组织对应用程序等个人信息保护情况进行测评，并公布测评结果；

（4）调查、处理违法个人信息处理活动；

（5）法律、行政法规规定的其他职责。

【解释】

《个人信息保护法》采取共同治理理念，统一规定履行个人信息保护职责的部门的职责，具体包括：

第一，宣传教育、指导和监督。《个人信息保护法》采用了“谁执法谁普法，谁管理谁负责”的原则，各职能部门应在权限范围内开展个人信息保护的宣传教育，并指导、监督个人信息处理者开展个人信息保护工作，提升个人信息保护水平。

第二，接受和处理投诉、举报。对于组织和个人的违法行为进行投诉和举报是我国公民的基本权利。任何公民和组织在认为自身权益遭受不法侵害或认为任何组织或个人存在违法行为时，均可向具有职权的机关进行投诉和举报。履行个人信息保护职责的部门应当设立便捷渠道接受与个人信息保护有关的投诉和举报，并依法处理并反馈处理结果。

第三，组织测评。履行个人信息保护职责的部门应组织对应用程序等个人信息保护情况进行测评。职能部门可以自行进行测评或委托第三方进行测评。同时，职能部门应主动公开测试结果，接受社会监督。

第四，调查、处理违法活动。履行个人信息保护职责的部门应依法调查、处理违法个人信息处理活动。当违法行为涉及多个职能部门的管辖时，可以由多个部门进行联合调查。

55. 国家网信部门的个人信息保护职责有哪些?

【法条】

《个人信息保护法》第 62 条：国家网信部门统筹协调有关部门依据本法推进下列个人信息保护工作：

（1）制定个人信息保护具体规则、标准；

（2）针对小型个人信息处理者、处理敏感个人信息以及人脸识别、人工智能等新技术、新应用，制定专门的个人信息保护规则、标准；

（3）支持研究开发和推广应用安全、方便的电子身份认证技术，推进网络身份认证公共服务建设；

（4）推进个人信息保护社会化服务体系建设，支持有关机构开展个人信息保护评估、认证服务；

（5）完善个人信息保护投诉、举报工作机制。常用投诉。举报渠道信息见第三部分第 97 条。

【解释】

本条明确了国家网信部门的特殊职责。除履行第 61 条规定的个人信息保护基本职责外，国家网信部门还负有统筹协调的特殊职责。具体包括：

(1) 为了更好地落实《个人信息保护法》的规定，统筹协调制定个人信息保护具体规则、标准。

(2) 针对特殊的主体（如小型个人信息处理者）、特殊的信息（如处理敏感个人信息）、特殊的技术和应用（如人脸识别、人工智能等），统筹协调制定专门的个人信息保护规则、标准。

(3) 支持研究开发和推广电子身份认证技术，推进网络身份认证公共服务建设。电子身份认证的核心是数字签名技术，能够利用简单的身份载体，如带有智能芯片的身份卡、个人指纹等，将个人身份信息通过网络实现各项服务程序。它保证了用户身份的唯一性和合法性，比传统的基于身份证、手机号码的认证更加安全、方便。推进网络身份认证公共服务建设是国家网信部门的重要职责。

(4) 推进个人信息保护社会化服务体系建设，支持有关机构开展个人信息保护评估、认证服务。个人信息保护需要各方参与，其中专业化的个人信息保护服务机构不可或缺。专业机构依法开展个人信息保护评估、认证服务，为个人信息的出境提供服务。随着《个人信息保护法》的生效实施，国家网信部门应加快推进专业机构建设，建立健全个人信息保护社会化服务体系。

(5) 完善个人信息保护投诉、举报工作机制。投诉和举报是个人信息主体维护权益的便捷的重要途径。国家网信部门应统筹协调各个职能部门和互联网企业建立和完善个人信息保护投诉、举报工作机制，提高个人信息保护效率。

56. 履行个人信息保护职责的部门履职时可以采取何种措施？

【法条】

《个人信息保护法》第 63 条：履行个人信息保护职责的部门履行个人信息保护职责，可以采取下列措施：

（1）询问有关当事人，调查与个人信息处理活动有关的情况；

（2）查阅、复制当事人与个人信息处理活动有关的合同、记录、账簿以及其他有关资料；

（3）实施现场检查，对涉嫌违法的个人信息处理活动进行调查；

（4）检查与个人信息处理活动有关的设备、物品；对有证据证明是用于违法个人信息处理活动的设备、物品，向本部门主要负责人书面报告并经批准，可以查封或者扣押。

履行个人信息保护职责的部门依法履行职责，当事人应当予以协助、配合，不得拒绝、阻挠。

【解释】

履行个人信息保护职责的部门为了更好地履职，有必要赋予其相应的执法手段，包括询问调查权、查阅复制权、检查权、查封扣押权等。在实施上述措施时，职能部门应严格履行行政程序，保障行政执法相对人的相应权利。当事人则应当协助配合，不得拒绝和阻挠个人信息保护执法工作。

57. 什么情况下可以对个人信息处理者进行约谈或要求其进行合规审计？

【法条】

《个人信息保护法》第 64 条：履行个人信息保护职责的部门在履行职责中，发现个人信息处理活动存在较大风险或者发生个人信息安全事件的，可以按照规定的权限和程序对该个人信息处理者的法定代表人或者主要负责人进行约谈，或者要求个人信息处理者委托专业机构对其个人信息处理活动进行合规审计。个人信息处理者应当按照要求采取措施，进行整改，消除隐患。

履行个人信息保护职责的部门在履行职责中，发现违法处理个人信息涉嫌犯罪的，应当及时移送公安机关依法处理。

【解释】

“约谈”指主管部门对未履行或未全面正确履行个人信息保护职责的主体或下级部门所进行的问责谈话制度。“合规审计”指审计机构和审计人员通过审计以确定被审计单位的个人信息处理活动是否遵循我国相关法律法规规定的一种监督活动。约谈和合规审计的目的都是为了发现和及时处理问题，防患于未然。《网络安全法》《数据安全法》《个人信息保护法》均规定了约谈制度，《个人信息保护法》还规定了合规审计措施。

（1）约谈和合规审计的前提是发现个人信息处理活动存在较大风险或者发生个人信息安全事件。

（2）约谈的对象是涉事个人信息处理者的法定代表人或者主要负责人。合规审计是由个人信息处理者委托第三方专业机构进行。两者的目的都是为了更准确地发现和处理问题。

（3）约谈和合规审计应当依照规定的权限和程序进行。例如，对互联网信息服务单位的约谈应按照《互联网新闻信息服务单位约谈工作规定》进行。合规审计也应依据个人信息保护的相关法律、政策、规程和标准进行。

（4）发现问题后，个人信息处理者应当按照要求采取措施，进行整改，消除隐患，否则就可以对个人信息处理者采取行政处罚措施。

此外，如果履行个人信息保护职责的部门在履行职责中，发现违法处理个人信息涉嫌犯罪的，则应当及时移送公安机关依法处理，不能以约谈或合规审计代替其刑事责任。在移送之后，由公安机关对于所涉及犯罪事实进行侦查和处理，并依法追究刑事责任。

58. 履行个人信息保护职责的部门履职时应如何处理投诉和举报？

【法条】

《个人信息保护法》第 65 条：任何组织、个人有权对违法个人信息处理活动向履行个人信息保护职责的部门进行投诉、举报。收到投诉、举报的部门应当依法及时处理，并将处理结果告知投诉、举报人。

履行个人信息保护职责的部门应当公布接受投诉、举报的联系方式。

【解释】

向履行个人信息保护职责的部门进行举报和投诉没有主体资格的限制，任何组织和个人都可以针对处理个人信息的违法行为进行投诉和举报。相关职能部门应告知投诉人和举报人处理结果，包括是否受理，以及是否对于被投诉举报行为者进行处罚。

为了保障公民的投诉举报权利，履行个人信息保护职责的部门应当公布接受投诉、举报的联系方式。

59.《个人信息保护法》规定了哪些行政法律责任?

【法条】

《个人信息保护法》第 66 条：违反本法规定处理个人信息，或者处理个人信息未履行本法规定的个人信息保护义务的，由履行个人信息保护职责的部门责令改正，给予警告，没收违法所得，对违法处理个人信息的应用程序，责令暂停或者终止提供服务；拒不改正的，并处 100 万元以下罚款；对直接负责的主管人员和其他直接责任人员处 1 万元以上 10 万元以下罚款。

有前款规定的违法行为，情节严重的，由省级以上履行个人信息保护职责的部门责令改正，没收违法所得，并处5000万元以下或者上一年度营业额百分之五以下罚款，并可以责令暂停相关业务或者停业整顿、通报有关主管部门吊销相关业务许可或者吊销营业执照；对直接负责的主管人员和其他直接责任人员处10万元以上100万元以下罚款，并可以决定禁止其在一定期限内担任相关企业的董事、监事、高级管理人员和个人信息保护负责人。

第67条：有本法规定的违法行为的，依照有关法律、行政法规的规定记入信用档案，并予以公示。

第68条：国家机关不履行本法规定的个人信息保护义务的，由其上级机关或者履行个人信息保护职责的部门责令改正；对直接负责的主管人员和其他直接责任人员依法给予处分。

履行个人信息保护职责的部门的工作人员玩忽职守、滥用职权、徇私舞弊，尚不构成犯罪的，依法给予处分。

第71条：违反本法规定，构成违反治安管理行为的，依法给予治安管理处罚；构成犯罪的，依法追究刑事责任。

【解释】

《个人信息保护法》在处罚措施的多样性与处罚力度方面，均比之前的立法有大幅度的提升。

（1）对违法处理个人信息的应用程序，责令暂停或者终止提供服务。该类处罚可被归入新《行政处罚法》规定的限制开展生产经营活动的行政处罚。该类行政处罚的目的在于迅速终结不法状态。

（2）针对违法行为情节严重的，没收违法所得，最高可以处5000万元以下或者上一年度营业额百分之五以下罚款，并可以责令暂停相关业务或者停业整顿、通报有关主管部门吊销相关业务许可或者吊销营业执照。该类行政处罚的目的在于剥夺从事不法行为企业的参与资格。

（3）对于违法企业直接负责的主管人员和其他直接责任人员，并可以决定禁止其在一定期限内担任相关企业的董事、监事、高级管理人员和个人信息保护负责人。对于个人和企业的双重处罚加重了负有相关保护义务者的行为义务。通过严密法网，对于从事违法行为者进行阻却。

（4）对个人信息违法行为人可以进行信用惩戒。《网络安全法》第71条及《电子商务法》第86条都包含了类似的规定。对于企业而言，由于信用记录在商业行为和个人行为中都可能被作为必要资料，将信用予以公示，将可能对违法者的行为能力造成严重限制。这无形中提高了个人信息违法成本，有利于在社会层面起到普遍的警示作用。

（5）国家机关不履行个人信息保护义务的，可以责令改正，对直接负责的主管人员和其他直接责任人员依法给予处分。

（6）对于个人信息违法行为还可以依法给予治安管理处罚和刑事处罚。

【案例】

在针对某出行 APP 的调查中，网信部门和其他职能部门行使了多项《个人信息保护法》所赋予的权力。

2021 年 7 月 4 日，网信办经检测核实，某出行 APP 存在严重违法违规收集用户个人信息问题，被责令下架整改。7 月 16 日，国家网信办会同公安部、国家安全部、自然资源部、交通运输部、税务总局、市场监管总局等部门联合进驻该出行公司，开展网络安全审查。9 月 1 日，交通运输部等 5 部门对 11 家网约车平台公司进行联合约谈。

（九）个人信息刑事保护

60. 哪些行为可能构成侵犯公民个人信息罪？

【法条】

《刑法》第 253 条之一：违反国家有关规定，向他人出售或者提供公民个人信息，情节严重的，处 3 年以下有期徒刑或者拘役，并处或者单处罚金；情节特别严重的，处 3 年以上 7 年以下有期徒刑，并处罚金。

违反国家有关规定，将在履行职责或者提供服务过程中获得的公民个人信息，出售或者提供给他人的，依照前款的规定从重处罚。

窃取或者以其他方法非法获取公民个人信息的，依照第一款的规定处罚。

单位犯前三款罪的，对单位判处罚金，并对其直接负责的主管人员和其他直接责任人员，依照各该款的规定处罚。

【解释】

侵犯公民个人信息罪是我国在《刑法修正案》（九）中修改的罪名，以下行为可能构成犯罪：

（1）违反国家有关规定，向他人出售或者提供公民个人信息。例如，尹某分次向陈某出售股民类公民个人信息共计10166条，被判处有期徒刑4年3个月，并处罚金人民币4万元。

（2）违反国家有关规定，将在履行职责或者提供服务过程中获得的公民个人信息，出售或者提供给他人。例如，李某系某市不动产登记中心员工，利用职务便利，接受他人请托，非法向孔某等人提供公民个人财产信息。经统计，其向他人提供公民个人信息为51条，被判处有期徒刑8个月，缓刑1年，并处罚金人民币2000元。

（3）窃取或者以其他方法非法获取公民个人信息。

61. 什么是非法利用信息网络罪？

【法条】

《刑法》第287条之一：利用信息网络实施下列行为之一，情节严重的，处3年以下有期徒刑或者拘役，并处或者单处罚金：

（1）设立用于实施诈骗、传授犯罪方法、制作或者销售违禁物品、管制物品等违法犯罪活动的网站、通讯群组的；

(2) 发布有关制作或者销售毒品、枪支、淫秽物品等违禁物品、管制物品或者其他违法犯罪信息的；

(3) 为实施诈骗等违法犯罪活动发布信息的。

单位犯前款罪的，对单位判处罚金，并对其直接负责的主管人员和其他直接责任人员，依照第一款的规定处罚。

有前两款行为，同时构成其他犯罪的，依照处罚较重的规定定罪处罚。

《最高人民法院、最高人民检察院关于办理侵犯公民个人信息刑事案件适用法律若干问题的解释》第 8 条：设立用于实施非法获取、出售或者提供公民个人信息违法犯罪活动的网站、通讯群组，情节严重的，应当依照刑法第 287 条之一的规定，以非法利用信息网络罪定罪处罚；同时构成侵犯公民个人信息罪的，依照侵犯公民个人信息罪定罪处罚。

【解释】

往往存在设立钓鱼网站等方式，非法利用信息网络以获取公民个人信息。在这种情况下，仅就设立网站的行为，可以认定构成非法利用信息网络罪。如果构成侵犯公民个人信息罪的，属于牵连犯，依照侵犯公民个人信息罪定罪处罚。

【案例】

查某、王某帮助信息网络犯罪案中，被告设立用于非法获取公民个人信息的钓鱼网站，并将钓鱼网站存放在其租赁远程服务器上，后出租给他人用于实施网络犯罪活动，从中非法牟利。法院经审理认定被告同时触犯了非法利用信息网络罪和侵犯公民个人信息罪，并援引《解释》第 8 条的规定，最终以侵犯公民个人信息罪定罪处罚。

62. 什么是非法获取计算机信息系统数据罪？

【法条】

《刑法》第 285 条第 2 款：违反国家规定，侵入前款规定以外的计算机信息系统或者采用其他技术手段，获取该计算机信息系统中存储、处理或者传输的数据，或者对该计算机信息系统实施非法控制，情节严重的，处 3 年以下有期徒刑或者拘役，并处或者单处罚金；情节特别严重的，处 3 年以上 7 年以下有期徒刑，并处罚金。

【解释】

个人信息常以电子数据形式存储于计算机信息系统中，而不少案例中行为人通过黑客手段入侵计算机信息系统获取公民个人信息。这一行为通常会同时构成非法获取计算机信息系统数据罪与侵犯公民个人信息罪，实践中往往会择一重罪处罚。

【案例】

王某、李某非法获取计算机信息系统数据、非法控制计算机信息系统案中，二审法院认为上诉人通过破解、修复的软件侵入快递公司计算机信息系统下载等方式非法获取并向他人出售公民个人信息的行为，既构成侵犯公民个人信息罪，又构成非法获取计算机信息系统数据罪。一审法院择一重罪即按侵犯公民个人信息罪处罚，符合法律规定，故驳回上诉。

63. 什么是拒不履行信息网络安全管理义务罪？

【法条】

《刑法》第 286 条之一：网络服务提供者不履行法律、行政法规规定的信息网络安全管理义务，经监管部门责令采取改正措施而拒不改正，有下列情形之一的，处 3 年以下有期徒刑、拘役或者管制，并处或者单处罚金：

（1）致使违法信息大量传播的；

（2）致使用户信息泄露，造成严重后果的；

（3）致使刑事案件证据灭失，情节严重的；

（4）有其他严重情节的。

单位犯前款罪的，对单位判处罚金，并对其直接负责的主管人员和其他直接责任人员，依照前款的规定处罚。

有前两款行为，同时构成其他犯罪的，依照处罚较重的规定定罪处罚。

《最高人民法院、最高人民检察院关于办理侵犯公民个人信息刑事案件适用法律若干问题的解释》第 9 条：网络服务提供者拒不履行法律、行政法规规定的信息网络安全管理义务，经监管部门责令采取改正措施而拒不改正，致使用户的公民个人信息泄露，造成严重后果的，应当依照刑法第 286 条之一的规定，以拒不履行信息网络安全管理义务罪定罪处罚。

【解释】

信息网络安全管理义务，在《网络安全法》中有较为完备的要求。该义务具体表现为：

（1）落实信息网络安全管理制度和安全保护义务。其要求网络运营者建立相应的管理制度，包括网站安全保障制度、信息安全保密管理制度、用户信息安全管理制度等，尤其是规定为网络用户提供服务时要实行“实名制”，并采取措施防止用户个人信息泄露。这在《网络安全法》第 24 条、第 41 条、第 42 条中都作了明确规定。

（2）及时发现、处置违法信息。一旦发现违法信息，必须立即停止传输。采取删除措施，防止信息扩散，保存有关记录，并向有关主管部门报告。这在《网络安全法》第 25 条、第 47 条中都有完整体现。

（3）网络服务者在提供服务过程中，必须对网上信息和网络日志信息记录进行备份和留存。这在《网络安全法》第 21 条第 3 项中有明确规定。上述关于网络服务提供者管理责任的规定，成为其成立该罪的义务来源。本罪的实质是对上述义务的违反。

【案例】

胡某拒不履行信息网络安全管理义务犯罪案中，被告人胡某为非法牟利，租用国内、国外服务器，自行制作并出租“土 * 孙”“四 * 二”翻墙软件，为境内 2000 余名网络用户非法提供境外互联网接入服务，被判构成犯罪。

64. 侵犯个人信息会构成诈骗罪吗？

【法条】

《刑法》第 66 条：诈骗公私财物，数额较大的，处 3 年以下有期徒刑、拘役或者管制，并处或者单处罚金；数额巨大或者有其他严重情节的，处 3 年以上 10 年以下有期徒刑，并处罚金；数额特别巨大或者有其他特别严重情节的，处 10 年以上有期徒刑或者无期徒刑，并处罚金或者没收财产。本法另有规定的，依照规定。

《最高人民法院、最高人民检察院、公安部关于依法惩处侵害公民个人信息犯罪活动的通知》第 2 条节选：对使用非法获取的个人信息，实施其他犯罪行为，构成数罪的，应当依法予以并罚。

【解释】

在实践中，大量非法获取公民个人信息与诈骗行为息息相关，我国也采取了以下载反诈 APP 等方式的反诈宣传手段。根据上述《通知》规定，对使用非法获取的个人信息实施其他犯罪行为，构成数罪的，应当依法予以并罚。也就是说，如果使用非法获取的个人信息实施诈骗犯罪，就可能构成诈骗罪。

【案例】

杨某、黄某侵犯公民个人信息犯罪案中，法院认定被告人非法获取公民个人信息后拨打相应手机号码骗取被害人财物的行为，应当实行数罪并罚，故最终判决被告同时构成非法获取公民个人信息罪和诈骗罪。

第二部分　常见场景中的个人信息保护

（一）常见的网络场景

65. APP 通过账号注册协议就能随意收集用户个人信息吗？

【场景】

某网民：有些 APP 隐私协议写得含糊其辞，避重就轻，甚至未征求用户同意就用其个人信息，未经允许使用软件开发工具包（SDK）追踪用户；有些 APP 甚至不乏霸王条款，不开通权限就无法使用，或者要开通所有的权限。比如，修图 APP 为什么要开通录音权限和位置权限呢？

【解说】

“必要权限”是指保障 APP 正常运行所必需的最少权限，通常是在 APP 首次开启时，需用户同意授予必要权限后，才能正常进入 APP 主界面（常见的有“存储权限”等）。APP 运营者应明确业务功能所需的权限，不应要求授予 APP 不会用到的权限或者一次性要求授予所有权限。《个人信息保护法》第6条规定：处理个人信息应当具有明确、合理的目的，并应当与处理目的直接相关，采取对个人权益影响最小的方式。收集个人信息，应当限于实现处理目的的最小范围，不得过度收集个人信息。

首先，在用户安装、注册或首次开启APP时，应主动提醒用户阅读隐私政策。其次，当APP打开系统权限时，APP应当说明该权限收集个人信息的目的、种类等。例如：当使用Cookie等同类技术（包括脚本、Flash Cookie、内嵌Web链接等）收集个人信息时，应向用户明示所收集个人信息的目的、个人信息的类型等。最后，收集个人敏感信息时，APP应通过弹窗提示等显著方式向用户明示收集、使用个人信息的目的、方式、范围。

66. APP能收集用户的个人信息向用户发送商业广告吗？

【场景】

某企业员工：最近打算国庆旅行，我和同事们发微信商量去哪里玩，定什么酒店，然后邮箱里就充满了各大旅行社的国庆游产品邮件，打开购物APP时已经开始推荐各类“出游必备神器”。那么，未经我的同意，该不该向我个性化推荐呢？

【解说】

通过收集海量的个人信息和借助成熟的用户画像算法，互联网产品或服务提供商能够更加了解用户，通过个性化推荐吸引用户，增强用户“黏性”。虽然短时间内网络用户能够享受到个性化推送的便利，但是长时间使用后，网络用户会对个性化推荐形成依赖，进而可能因为不能自主退出或者自行选择推送内容而感到不适，甚至还可能造成“信息茧房”效应，将自己的生活桎梏于所推送的信息世界里。

为了避免自动化决策造成过度的不良影响，个人信息处理者利用个人信息进行自动化决策，应当遵循以下规则：

首先，APP 收集用户的个人信息，应当征得用户同意。除了法律、行政法规另有规定外，个人信息处理者在取得个人的同意后，才能处理个人信息；基于个人同意处理个人信息的，该同意应当由个人在充分知情的前提下自愿、明确作出。因此，未经用户同意，APP 是不能任意处理个人信息，并基于所收集的个人信息向用户发送商业广告。

其次，个人信息处理者利用个人信息进行自动化决策，应当保证决策的透明度和结果公平、公正，不得对个人在交易价格等交易条件上实行不合理的差别待遇。

第三，通过自动化决策方式向个人进行信息推送、商业营销，应当同时提供不针对其个人特征的选项，或者向个人提供便捷的拒绝方式。

第四，通过自动化决策方式作出对个人权益有重大影响的决定，个人有权要求个人信息处理者予以说明，并有权拒绝个人信息处理者仅通过自动化决策的方式作出决定。

67. APP、小程序账号可以自由注销吗？

【场景】

某大学生：前段时间经朋友推荐使用某 APP 背单词，坚持每日打卡。当时免费使用了一段时间后系统提示继续使用需要收费，且费用不断增长。然后我就想注销掉该账号，但是显示有一个月的注销“冷静期”，且被告知须与关联 APP 账户一同注销，这合理吗？

【解说】

首先，根据我国《个人信息保护法》的规定，基于个人同意处理个人信息的，个人有权撤回其同意；个人信息处理者应当提供便捷的撤回同意的方式。这就是说，基于个人同意而注册的账号，用户有权随时撤回同意并要求注销账户。

其次，APP、小程序运营商应提供便捷的注销账号的途径，不断优化 APP 操作界面，向消费者清晰、明确地告知账户注销的方法和步骤，并在用户注销账号后，及时删除其个人信息或进行匿名化处理。

第三，从平台用户使用规则来看，APP、小程序运营商可以提出合理的注销条件，例如存在服务尚在履行中、注册用户与平台、第三人还有未解决的纠纷等情形时暂不立即注销。但是，注销过程中不应设置不合理的条件。例如，对账户注销设置最低账户存续期间、要求必须与关联 APP 的账户一起注销、提交用户手持身份证照片，或先解除与其他网站、软件的绑定或授权关系等才允许注销等。APP 经营者应剔除对消费者账户注销设置的不合理条件，畅通注销渠道，切实保障网络用户的选择权和公平交易权。

【案例】

某公司运营的 APP 被发现存在多个违法问题，其为注销用户账号设置了不合理条件，要求用户提交手持身份证照片等信息才允许注销，且未说明注销后是否会删除注销时提交的身份证照片信息。这显然不合理地限制了用户撤销同意的权利。同时，为了注销账号而强制要求用户提交手持身份证照片，违背了最小范围原则，即收集个人信息应当限于实现处理目的的最小范围，不得过度收集个人信息。

68. 社交平台调查链接、投票链接可以参与吗？

【场景】

某网友：最近我在论坛逛帖子的时候，看到有楼主说社交平台上的各种网络调查链接或投票链接不能随便点，照片和定位也不能随便乱发，因为会涉及姓名、行程等个人信息，很容易造成个人信息泄露，甚至会被不法分子利用，下面跟帖的好多人都不信，真有那么危险吗？

【解说】

就现有技术来看，使用网页链接方式做网络调查或投票时，如需要收集用户个人信息，应对网页链接进行加密，以限制只有特定权限访问者才可以访问该网页，网页被访问时也必须验证访问者身份和授权情况，以保护用户的个人敏感信息不被未授权的主体访问。

同时，网络用户应树立个人信息安全防范的意识。在参加网络调查或投票时，应查看链接来源，对于来源不明的，建议不要参与。通常情况，参与网络调查或投票，不需要提供个人信息，对于要提供个人信息的网络调查或投票，建议不要随意参与。

69. 网购后店家联系我要退款是真的吗？

【场景】

某网友：我在某知名购物网站的一家网店购买了一双瘦腿袜，当时显示交易成功。第二天下午，我接到了一个陌生电话，对方称自己是店家客服，询问我是否在“*** 瘦腿袜品专家”店购买了物品，接着说由于昨晚网站系统升级，支付出现了问题，要退款给我，之后发给我一个链接。我点进链接后，发现页面与购物网站一样，但显示需要填写付款所绑定的信用卡卡号、信用卡的到期时间、信用卡背后的最后 3 位数，以及手机号和验证码，我可以填写吗？会不会是骗子？

【解说】

根据《常见类型移动互联网应用程序必要个人信息范围规定》相关规定，网络购物网站或 APP 仅能收集提供服务所必需的个人信息包括：(1) 注册用户移动电话号码；(2) 收货人姓名（名称）、地址、联系电话；(3) 支付时间、支付金额、支付渠道等支付信息。对于商家收集到的此类个人信息，根据《个人信息保护法》的规定，未经个人同意，个人信息处理者不得对外提供或公开其处理的个人信息。但结合众多新闻报道，存在诸多无良卖家非法倒卖买家个人信息的情况，以牟取非法利益。此外，一些免费的订单管理软件可能存在漏洞或安全隐患，在提供服务的同时把收集的买家和订单信息全部发送给第三方，导致买家的个人信息泄露。因此，当消费者收到所谓“退款”的电话、信息时，尤其应当谨慎，很可能其购物相关的个人信息已被泄露，故切勿点击陌生网址链接或提供银行账号、手机验证码等信息，谨防被骗。

消费者在网络购物时，应选择正规购物平台，仔细查看网站域名和网址，注意甄别“高仿”的钓鱼网站。不轻易接收不明文件或安装不明软件，慎重点击商家从即时通讯工具上发送的支付链接，在需要填写银行账户和密码时需要更加谨慎，防止财产信息泄露造成经济损失。此外，为了购物安心，还建议消费者选择正规的快递公司，姓名可以写网名或 X 先生 / 女士，收货地址可以填写住址或单位附近的代收点。

70. 点外卖会泄露个人信息吗?

【场景】

某网友：最近叫过几次外卖，之后经常收到各种各样的骚扰电话，诸如卖房的、放贷的、销售理财产品的等等，还收到自称是送餐员的交友短信或微信好友申请。请问，我的个人信息是通过外卖平台泄露了吗?

【解说】

根据《个人信息保护法》第 6 条的规定，收集个人信息，应当限于实现处理目的的最小范围，不得过度收集个人信息。根据《常见类型移动互联网应用程序必要个人信息范围规定》相关规定，外卖 APP 可以收集的个人信息包括：(1) 注册用户移动电话号码；(2) 收货人姓名（名称)、地址、联系电话；(3) 支付时间、支付金额、支付渠道等支付信息。但即便外卖平台仅收集了上述个人信息，由于直接涉及姓名、手机号、住址等信息，一旦泄露将可能对用户造成极大的安全隐患。

对于外卖平台而言，首先，应当制定具体明确、通俗易懂的个人信息保护政策，并以显著方式公示个人信息保护政策及个人信息收集使用规则，在收集前获得个人信息主体的同意。第二，平台对于已收集的个人信息在使用、加工、传输等过程中，应当采取加密等安全处理措施。第三，由于外卖平台会经常涉及与骑手外包公司等第三方的合作，因此在涉及对外提供 / 共享用户个人信息的场景时，除了应事先征得个人的明示同意，还应当评估数据接收方的类型、身份和数据保护能力。第四，平台还应通过向员工进行定期合规培训等方式来规范员工的行为，避免因个别员工牟利而出售个人信息等行为导致的责任承担。最后，外卖平台可以通过向用户提供“隐私保护”模式并默认勾选，隐去用户的部分名称和手机号码，防止个人信息泄露和被他人非法使用。

71. 打网络约车时应如何保护个人信息？

【场景】

某用户：通过下载某网络约车 APP，进行注册后使用叫车服务。但在使用过程中，该 APP 强制、频繁地索要我的位置信息、通讯录等权限，该怎么办？

【解说】

网络约车是新经济生产消费共享模式的典型应用，高度依赖网络、数据、算法。与传统巡游出租汽车相比，车主或者司机与个人用户可以实时进行需求匹配，方便快捷。网络约车运营者可以通过 APP 线上和车内摄像头等线下两种方式收集个人信息。由于涉及大量人口出行和实时定位等真实地理位置信息和交通事故等公共管理信息，有关法律和国家标准在数据存储、跨境传输、关键信息基础设施、重要数据、数据共享和监管等方面均对网络约车运营者有更加严格的特殊规定。

网络约车 APP 运营者仅能收集提供服务所必需的个人信息，包括：(1) 注册用户移动电话号码；(2) 乘车人出发地、到达地、位置信息、行踪轨迹；(3) 支付时间、支付金额、支付渠道等支付信息。在涉及更多的具体业务需求时，范围可能大于这些信息，例如投诉时可能通话记录会被录音。此外，网络约车运营者收集司机个人信息时，也需要遵守个人信息保护法律的规定，例如仅向叫车人手机展示部分车牌号码、对司机进行背景调查时仅收集犯罪记录等必要信息。此外，根据法律规定和监管要求，网约车平台公司应当记录驾驶员、约车人在其服务平台发布的信息内容、用户注册信息、身份认证信息、订单日志、上网日志、网上交易日志、行驶轨迹日志等数据并备份。

（1）注册用户移动电话号码

其中电话号码需要用户主动提供，通常在用户注册时由用户主动输入，也可以由电信运营商提供经过掩码处理的部分电话号码弹出提示用户确认授权。个人用户提供手机号码后，司机需要拨打手机号码以进行联系，网络约车运营者可以通过向司机提供虚拟号码、仅提供末四位号码等技术方法尽量减少对外展示个人用户真实电话号码机会。

（2）乘车人出发地、到达地、位置信息、行踪轨迹

出发地、到达地、位置信息、行踪轨迹信息有的可以由个人用户主动输入提供，有的仅能通过机器识别和自动定位提供，实现机器识别和自动定位需要提前通过 APP 申请用户手机的操作系统权限，并获得用户点击同意授权且按照业务所需最小频率收集。例如，参考目前相关国家标准，采集出发地等单一位置信息由用户主动刷新时才采集一次，采集行踪轨迹信息频率每秒不应超过一次，进一步用位置信息推送广告每 30 秒读取一次等。以 Android 系统为例（苹果手机以外的手机基本上均使用 Android 系统或者基于 Android 系统开发，例如华为、小米等），位置权限涉及精准定位、粗略位置、后台访问位置（实时定位、行踪轨迹）三种权限，网络约车至少需要精

准定位和后台访问位置两种权限，如果个人用户选择不提供，将不能使用网络约车服务。

(3) 支付时间、支付金额、支付渠道等支付信息

网络约车 APP 一般可以免费下载使用，但是乘坐网络预约车辆后需要支付乘车费用，一般通过手机在线支付。在线支付方式可以分为三种：一是通过第三方非银行金融机构支付，例如微信或者支付宝；二是通过第三方银行支付；三是通过提供网络约车服务运营者自有平台支付（如果网络约车服务运营者获得了支付牌照），例如滴滴支付。无论采用哪种方式支付，均需提供金融账户等信息，如果使用第一种和第二种支付方式，网络约车运营者还需要将金融账户信息提供给第三方或者调用用户已经提供给第三方的信息，如果个人用户希望了解具体的获取方式等，可以在网络约车 APP 的个人信息保护政策中查看。

通过 APP 提供网络约车、旅游咨询、餐饮外卖等服务时，有时需要同时外接并使用地图导航服务，地图导航服务本身也可以独立提供服务，并且反过来在地图导航 APP 中接入网络约车等增值服务。使用地图导航 APP 服务必须提供实时地理位置信息，APP 运营者收集实时地理位置信息的技术方式有很多种，例如通过手机 IP 地址、全球卫星导航系统 GPS 定位、调用手机后台位置权限等。

72. 使用地图导航服务时应如何保护个人信息？

【场景】

某用户：下载了某地图导航 APP 后，该 APP 要求我不使用的时候也授权提供实时位置等信息，是否合理？

【解说】

传统上测绘和地图信息多由国家为军事或者公共目的所使用，但网络技术发展使得测绘和地图信息在民用领域的商业价值被凸显。地图导航属于强监管行业，整体上可以分为对从业者资质的监管和对处理的数据种类和方式监管，内容上可以分为对测绘和对地图的监管。

就从业者资质而言，民用领域以商业目的利用测绘和地图信息，需要根据中国法律关于测绘和地图资质管理规定，获得地理信息系统工程、导航电子地图制作、互联网地图服务等一项或者多项特定等级的特殊资质，才可以从事相应的经营活动。目前，中国对于在民用领域为了商业目的利用测绘和地图信息的资质审核正在逐步优化和放宽。

就数据种类而言，可依法分为基础地理信息、重要地理信息、涉密地理信息等。例如，道路、桥梁、军事、关键区域等重要地理信息对位置、高程、深度、面积、长度等空间精度有限制和禁止性规定，并且对于所采集的测绘信息在地图上对外公开表达、共享和使用也有严格规定。例如，未经依法解密的涉密或者敏感地理信息不得在公开地图上表示，在地图上登载广告不得影响选取的重要地理信息的表示，互联网地图服务单位应当将存放地图数据的服务器设在中华人民共和国境内并且不得提供境外互联网地图服务的链接等等。

根据《常见类型移动互联网应用程序必要个人信息范围规定》，地图导航类 APP 的基本功能服务为“定位和导航”，必要个人信息为：位置信息、出发地、到达地。当用户未使用 APP 时，未经同意不得擅自收集用户个人信息。

73. 在金融借贷活动中应如何保护个人信息？

【场景】

某市民：玩游戏、刷视频的时候时常看到信用贷款服务的推广。广告里说，不需要信用卡、不需要房产抵押，贷款利息很低甚至有一百天免息，在提供个人基本信息后，能给我几十万甚至上百万的额度，这种贷款靠谱吗？

【解说】

根据我国现行法律规定，只有商业银行、小额贷款公司等具备资质的公司才可以合法地开展个人信贷业务。所以，我们首先要关注广告里的放贷公司是否符合法律的相关规定。

其次，申请贷款时，放贷公司往往需要申请人提供姓名、身份证号码、薪资收入、家庭住址、个人财产信息等个人信息对借款人进行风控审核，而且他们一般会与征信公司合作，主动收集或通过第三方机构收集申请人的征信情况、涉诉情况等信息，第三方机构包括了资产推荐方、其合作的信用信息服务机构以及依法设立的行业协会等，对申请人的征信情况进行查询。

2021年9月17日央行颁布的《征信业务管理办法》规定，自2022年1月1日起，从事个人征信业务应当依法取得央行个人征信机构许可。采集个人信用信息，应当经本人同意并明确告知采集的目的，应当采取合法、正当的方式，遵循最小、必要的原则，不得过度采集，不得以欺骗、胁迫、诱导等违法违规方式采集。

因此，应该询问清楚放贷公司的合作征信公司是否具备相应资质，要注意是否明确告知采集个人信息的内容、采集目的、保管方式和期限等等。

一般来说，如果普通个人用户确实需要金融借贷服务，还是建议通过正规的商业银行来进行申请，一方面得以规避非法放贷、高利贷等金融陷阱，另一方面也对个人信息和隐私可以提供更为稳妥和安全的保护。

74. 在远程医疗服务中应如何保护个人信息？

【场景】

某患者：在药店购药时，药店提供购买处方药服务，但需要病患在店员的指导下，在店员的手机APP上登录，通过远程诊疗的方式，获得执业医师开具的处方，然后在线下药店进行购药。店员要求我提交身份证号、社会保障卡号码、主诉、病史、既往病历等信息，且均在店员的手机APP上进行上传或填写，并未看到任何对于此类信息收集、处理、保存的提示。店员告知，这些信息是为我提供诊疗服务所必须，无须病患同意。这符合法律规定吗？

【解说】

随着智慧医院的建立、电子病历的普及，远程医疗、互联网医院成为提供诊疗服务的新形态，为广大病患带来了便利。但网络诊疗服务涉及个人健康生理信息等大量的敏感个人信息，例如病患的健康状况数据（包括主病史、既往病史等），医疗应用数据（门（急）诊病历、检查检验报告等）。病患的个人信息（尤其是敏感个人信息）从传统的在某一医院不同科室、部门之间的收集、共享，转变为互联网形式的信息交换，例如医联体、远程会诊的专家、甚至为诊疗服务提供辅助手段的人工智能、网络云存储、第三方科研机构等合作方，病患的各类个人信息非常容易被无关人员接触到，这些情况下均存在患者个人信息泄露的风险。

所以医疗卫生机构（包括互联网医院）也属于《个人信息保护法》中的个人信息处理者。同时，也受到《医疗机构管理条例》《远程医疗服务管理规范（试行）》《互联网诊疗管理办法（试行）》《互联网医院管理办法（试行）》等若干健康医疗领域的规范和要求的规制。

虽然病患提供相关信息为医疗机构提供诊疗服务所必需，但诊疗机构也仍然应当依法进行数据的收集、处理、存储等活动。例如，《远程医疗服务管理规范（试行）》规定，向患者提供远程医疗服务的，应向病患说明远程医疗服务内容、费用等情况，征得患者书面同意，签署远程医疗服务知情同意书。知情同意也包括对于病患相关信息的收集、处理情况的告知；对于敏感个人信息，应按照《个人信息保护法》的要求，获得病患的单独同意。

75. 可以随意连接公共场所的免费 WiFi 吗？

【场景】

某市民：最近某网红民警在短视频中宣传广大网民要谨慎使用公共场所的免费 WiFi，说不法分子在商场、超市、便利店、写字楼等人群密集的公共场合私设免费 WiFi 用来窃取用户的个人信息，甚至连各种敏感信息资料他们都能获得，比如：教育程度信息、收入信息以及账户支付信息等。真有这么恐怖吗？

【解说】

根据我国《个人信息保护法》的规定，收集个人信息应当遵循公开、透明原则，公开个人信息处理规则，明示处理的目的、方式和范围。除非法律有明确的规定，收集个人信息应当经当事人同意，不得非法收集个人信息。利用免费的公共 WiFi，悄悄收集个人信息，显然是非法的。

在现实中，一些黑客会在公共场合提供与商家名称类似但无须密码的免费 WiFi 接入点吸引用户接入。当用户手机的 WiFi 选项处于打开状态时，就会被检测到。一旦连接到该 WiFi 热点，上网的所有数据包就会被黑客设备所截留，其中一些没有加密的信息就可以直接被查看。许多用户的银行、社交账号都是相同密码，所以黑客就可以将截取到信息进行分析和比对，通过撞库的方式取得用户的资金账户密码。

因此，网络用户在公共场合应加强个人信息保护意识，谨慎使用公共场所的免费 WiFi。例如：当我们在公共场合连接 WiFi 网络时，一定要注意比对商家提供的 WiFi 名称、付款时主动切换移动数据网络、手机和笔记本电脑不用时关闭 WiFi 功能等。

76. 如何通过手机等移动设备收集个人信息？

【场景】

某网民：某社交媒体 APP 开展有奖促销活动，其通过弹窗提示我打开通讯录权限，要读取我的通讯录，以便参与红包、金币、抽奖等活动。这是否合法？

【解说】

个人不仅可以通过手机实现基本通话功能，还可以通过手机访问网站或者下载 APP 获得通讯、娱乐、日常生活服务等增值服务。手机中存有大量个人信息，其中不乏敏感个人信息。因此，手机往往是最常用的收集个人信息的工具与途径，手机号码、手机序列号（IMEI）、通讯录信息、位置信息等是实践中高发的被泄露或者被违法使用的个人信息种类，是近年个人信息治理重点。手机之外的可随身携带的移动智能终端也有类似功能，例如平板电脑等。

手机收集的个人信息种类和方式大致可以分为四种：

(1) 通过手机操作系统权限收集个人信息

操作系统英文为 Operating System（简称 OS），是最基本的计算机程序，连接 APP 软件与手机硬件，APP 开发者基于操作系统开发更多功能，向个人提供服务。iOS 系统和 Android 系统是最主要的操作系统，iOS 为苹果公司开发，仅支持苹果手机，个人安装的所有 APP 都必须经过苹果商店审核。Android 系统为 Google 公司开发，是开源系统，手机厂商和 APP 开发者均可以搭载 Android 操作系统和对 Android 系统进行深度定制化修改，除苹果手机外的绝大部分手机均使用 Android 操作系统。其他诸如 BlackBerry、微软公司的 Window Phone、华为公司的 Harmony 鸿蒙操作系统等也占有一部分市场份额。

手机操作系统权限具有很多种，但最常见的为 20—30 种，申请使用这些操作系统权限为获取个人信息的非常重要的途径。iOS 系统和 Android 系统对操作系统权限的命名有所不同，但功能类似。以 Android 系统为例，包括位置、电话、存储、日历、相机、麦克风等，每一项权限还可以进行细分。Android 操作系统还设置有设备管理器、辅助模式、监听通知栏、悬浮窗、读取应用使用情况等特殊敏感权限，但只有少数 APP 在少数场景才会申请。APP 运营者需要说明权限名称、收集的个人信息种类及收集目的，APP 获取权限需要征得个人同意，每一个权限组中的每一项权限均需要单独弹窗提示。例如日历权限组中有读取日历权限和编辑日历权限，需要分别申请，除非读取日历权限和编辑日历权限为提供服务同时需要的权限。对于供残障人士使用的辅助模式等特殊敏感权限，APP应适当增加障碍设计避免用户误操作。个人在授予权限后还应当可以关闭操作系统权限，撤回授权同意。

（2）通过手机设备收集个人信息

此外还有一些设备信息不在操作系统权限之中，例如IMEI、Android、MAC、IMSI、IDFA、IDFV等设备识别码、查看WLAN连接开机启动、使用蓝牙、访问蓝牙设备等。这些信息在实践中均被视为个人信息，同样需要在个人信息保护政策中说明并征得用户同意后收集。有的手机设备信息不面向个人提供单独开启或者关闭按钮，例如个人不能选择开启或者关闭手机“身份证”IMEI号；有的提供单独开启或者关闭按钮，例如蓝牙开关。当然，随着技术和商业实践发展，是否提供开启或者关闭按钮也在发生变化，例如苹果手机已经将广告客户标识符IDFA做出更改，IDFA分享功能由默认开启的状态变为默认关闭，有的手机增加用户单独控制剪切板的功能，如果用户关闭剪切板，则需要手动输入信息，并非像以前一样默认使用APP时自动填充剪切板信息。实际上设备信息也有很多种，例如设备型号等硬件数据、操作系统版本等软件数据，这些信息如果不用作识别个人，通常不作为个人信息处理；如果这些信息可以用作识别个人，则为个人信息，例如手机的IP地址。手机设备信息是否属于个人信息与是否可用作识别个人以及商业实践中运用的频繁程度和对个人权益影响大小有关。

（3）通过用户主动提供收集个人信息

在个人注册 APP 账号后，个人可以完善姓名、年龄、地址等信息，这些均为个人信息。个人还可以主动发布动态、消息、文章、视频等，这些也是个人信息。此外，个人在使用 APP 服务时，还需提供的必要信息也是个人信息，例如餐饮外卖或者快递地址信息、支付信息等。

（4）Cookie、SDK 等软件程序

Cookie 是通过电脑或者手机访问网站产生的一段文本文件，不同 Cookie 的功能不同，可以存储在手机本地，也可以回传至服务器。Cookie 用来简化用户重复登录的步骤、帮助网站记住用户的设备和使用服务的偏好、分析用户使用网站的情况等，Cookie 是个人信息。Cookie 仅在通过电脑或者手机直接访问网站时产生，使用手机 APP 提供的服务不产生 Cookie，但可以通过手机 APP 中嵌入的 SDK 实现类似功能。例如，使用剪切板快捷粘贴或者默认填充搜索关键词则调用了 Cookie 或者 SDK 的功能。SDK 为手机 APP 向第三方开放的 API 接口集成的软件开发工具包，以扩展 APP 的功能。例如电商 APP 为实现支付功能，无须自己开发这一功能，而是直接接入第三方开发好的支付类 SDK。

对于一些 APP 提出读取手机内个人信息的请求，我们要特别谨慎，要看申请读取的信息是否为实现 APP 的功能所必不可少，否则应当果断拒绝。例如，用户参与上述促销活动并不需要通讯录权限，通讯录权限与上述活动之间没有关联，这属于诱导用户打开不必要权限。如果根据通讯录权限获得的联系方式向用户本人或者用户的联系人发送商业广告或用作其他目的，属于超范围、超目的过度收集使用个人信息。

77. 手机等移动智能终端之外的其他设备应如何做好个人信息保护？

【场景】

手机、平板电脑等移动智能终端之外的其他设备也需要收集个人信息以提供服务，例如扫地机、打印机等智能家居或者办公设备、远程医疗设备等。这些设备有的需要与手机APP连接，供个人通过设备本身和手机APP同时进行操控，有的不与手机APP连接，个人仅能在设备上进行操控或者无法人为操控，例如公共场所的摄像头。

【解说】

通过手机等移动智能终端之外的其他设备可以收集各种个人信息，最为常见的为生物识别信息，例如人脸识别、声纹、声音、指纹、虹膜、指纹、掌纹、步态、静脉等，属于中国法律规定的敏感信息。就人脸识别信息而言，如果仅收集人脸信息而不提取面部几何构造等生物特征值，不用于识别个人目的，仅属于一般个人信息，不属于人脸识别信息。例如商场或者地铁里摄像头拍摄的人流信息，虽然包含面部影像，但是不用来识别个人，不是人脸识别信息；而门禁打卡等需要一对一进行识别验证，属于人脸识别信息。

如果这些设备与手机 APP 相连接，对于一般个人信息需要在 APP 个人信息保护政策进行说明，对于生物识别信息还需要以加黑加粗等显著方式特别提醒个人注意并通过单独弹窗提示获得个人同意。如果生物识别信息用作账号认证等目的，还应当提供其他可替代的方式进行认证，例如用户可选择上传身份证等可靠方式或者人脸识别方式进行认证。

如果这些设备没有与之连接的 APP，对于设备收集的一般个人信息或者生物识别信息，也需要以适当方式提醒个人注意并且获得个人同意。常见提醒用户注意和获得同意的方式有：在首次使用设备时进行语音提示并引导用户进行设置，通过设备屏幕显示视频方式展示所需要的个人信息，在设备包装或者设备上印刷二维码供用户扫码查看，在产品包装内提供纸质说明等。

78. 驾驶或者乘坐具备智能功能的汽车时应如何保护个人信息？

【场景】

某车主：最近购买了一款智能联网汽车，听说车内的电子系统会收集大量个人信息，并上传给企业甚至境外。我该如何保护自己的隐私？

【解说】

智能化和网联化的汽车是一个大的移动终端，集成了手机、平板电脑、其他智能设备的综合功能，例如车载内置或者外接的导航功能、行车记录仪等，大部分汽车均具备一定程度的智能功能。对于自动化和智能化程度更高的智能网联或者自动驾驶汽车来说，还搭载高清摄像头、雷达等设备，实现感知、决策和执行功能。这些设备所收集的个人信息范围更广、来源更加多样、数量更大，例如汽车收集的刹车驾驶习惯信息等运行数据、车内座舱音视频信息、车外道路交通状况或者地形地貌街景、位置轨迹等信息。与个人信息相关汽车多涉及乘用车辆，所涉及的个人信息保护问题多于货运或者特殊作业车辆等。

汽车数据具有如下特点：

（1）收集和参与共享汽车数据的主体更多

收集汽车数据的主体除了车辆制造厂商外，还包括车辆运营服务提供商、保险方、智能设备厂商、车辆维修方、对车辆进行统一调度或者管理的数据平台、车载娱乐应用服务提供商、高精地图图商、电信运营商、汽车租赁公司、对车辆数据进行分析的科研院所等第三方，涉及车辆设计、生产、销售、使用、运维的整个环节。

（2）汽车收集和处理的数据种类和数量更多

汽车收集的个人信息来自车辆本身、驾驶员、乘员、行人等，除了涉及车辆本身的位置信息、车牌、车内外录音录像信息、体态和人体行为等生物识别信息等，还涉及非个人信息的车辆运行数据、军事国防科工等重要敏感区域、车辆流量、物流、汽车充电网的运行数据、测绘地图数据等，上述数据可能分属于国家秘密、核心数据、重要数据、敏感数据、私密信息、一般数据等中国法律规定的不同种类。

（3）汽车收集和处理数据的方式更多

汽车可以通过 Wifi、蓝牙、5G 等公共通信蜂窝网络、光纤、GPS 卫星定位、LiDAR 雷达等车内外系统或者网络系统收集和处理数据。

（4）汽车收集和处理数据的介质更多

汽车可以通过传感器、控制单元、车载软件、摄像头、麦克风等收集和处理汽车本身或者其他系统和设备数据，数据可能存储在汽车内部、硬盘、云服务器等。汽车数据以车内处理数据为原则，但在必要的情况下，还可以将汽车数据传输和存储在远程信息服务平台进行分析处理，例如，车载 T-Box、eCall 等实现车辆远程监控、远程控制、安全监测和报警等。

（5）汽车收集和处理数据的目的多样

汽车收集和处理数据的目的多样，但最主要的目的是为了保障汽车行驶和汽车安全，此外汽车数据还被用于交通违法处理、娱乐、保险、对出租车或者公交车等进行管理、用户画像、犯罪追踪等。

《汽车数据安全管理若干规定（试行）》对汽车数据有特殊处理要求。这些要求适用于所有汽车，包括搭载智能功能或者自动驾驶功能的汽车，同时国家加强智能网联汽车网络平台建设，开展智能网联汽车入网运行和安全保障服务等，协同汽车数据处理者加强智能网联汽车网络和汽车数据安全防护。与汽车数据相关的个人信息权益保障事项为：

第一，汽车数据处理原则：

（1）车辆数据以车内处理原则，除非确有必要不向车外提供；

（2）默认不收集原则，除非驾驶人自主设定，每次驾驶时默认设定为不收集状态；

（3）精度范围适用原则，根据所提供功能服务对数据精度的要求确定摄像头、雷达等的覆盖范围、分辨率；

（4）脱敏处理原则，尽可能进行匿名化、去标识化等处理。

第二，收集阶段的汽车数据：

处理者处理个人信息应当通过用户手册、车载显示面板、语音、汽车使用相关应用程序等显著方式，告知个人以下事项：

（1）处理个人信息的种类，包括车辆行踪轨迹、驾驶习惯、音频、视频、图像和生物识别特征等；

（2）收集各类个人信息的具体情境以及停止收集的方式和途径；

（3）处理各类个人信息的目的、用途、方式；

（4）个人信息保存地点、保存期限，或者确定保存地点、保存期限的规则；

(5) 查阅、复制其个人信息以及删除车内、请求删除已经提供给车外的个人信息的方式和途径；

(6) 用户权益事务联系人的姓名和联系方式；

(7) 法律、行政法规规定的应当告知的其他事项。

如果上述信息属于敏感信息，还应当满足更加严格的特殊处理要求。

第三，使用阶段的汽车数据：

收集汽车数据后，涉及进一步处理汽车数据。以车内处理为原则，如果需要传输或者存储至车外服务器、甚至分享给第三方或者以科研为目的需要跨境传输等，应当采取匿名化处理、获得个人单独同意、对数据进行加密、定期删除数据、事先进行安全评估、依法备案或者报告等措施。

第四，汽车数据处理者处理敏感个人信息的特殊规则：

(1) 具有直接服务于个人的目的，包括增强行车安全、智能驾驶、导航等；

(2) 通过用户手册、车载显示面板、语音以及汽车使用相关应用程序等显著方式告知必要性以及对个人的影响；

(3) 应当取得个人单独同意，个人可以自主设定同意期限；

(4) 在保证行车安全的前提下，以适当方式提示收集状态，为个人终止收集提供便利；

(5) 个人要求删除的，汽车数据处理者应当在 10 个工作日内删除。

【案例】

某车主在购买汽车后，行驶途中未能操控车辆减速，发生交通事故，该车主是否有权要求车辆制造商向监管部门和车主本人提供刹车运行数据并向公众公开？

在交通事故发生后，消费者对相关信息享有知情权，但是知情权的范围受到一定限制。例如，与车辆相关的运行数据在监管部门进行调查、检测时，应当进行披露，涉及商业秘密的，监管部门及工作人员有保密义务；但是消费者是否有权基于个人信息保护规定，要求获知所有与事故相关的车辆制动运行数据甚至要求向公众公开，取决于这些数据单独或者结合其他信息可识别个人的可能性大小；被识别的可能性越大，构成个人信息的可能性越大。并非所有汽车数据均为个人信息。例如，车牌号、车架号（VIN）由于具有唯一性且可以直接识别个人，属于个人信息；刹车制动等车辆运行数据是否为个人信息，需要在具体场景下考虑是否反映了个人独特驾驶习惯、结合其他信息可以识别个人的可能性大小确定是否为个人信息。此外，发生交通事故后，车辆制造商自身接触或者对外提供事故相关数据也需要符合法律规定，避免作为证据的事故数据的客观性受到影响。

（二）常见的线下场景

79. 公司可以收集和对外提供员工的个人信息吗？

【场景】

某公司：中秋佳节将近，公司想通过向所有员工赠送月饼作为节日礼物的方式发放员工福利，因此委托月饼厂商/经销商直接向员工寄送，为此需要对外提供员工的姓名、住址、手机号等个人信息。公司可以收集和对外提供员工的个人信息吗？

【解说】

企业、公司等单位在经营过程中，出于人力资源管理的需要，往往会收集所有员工的个人信息，如姓名、身份证号、手机号、微信号、住址、学历背景、工作经历、身体健康状况、家庭背景等等。我国《劳动合同法》第 8 条也规定，用人单位有权利了解劳动者与劳动合同直接相关的基本情况，劳动者有义务如实说明。因此，为了便于企业的日常管理，《个人信息保护法》第 13 条第 2 款也规定了，当符合“按照依法制定的劳动规章制度和依法签订的集体合同实施人力资源管理所必需”时，个人信息处理者可以不经个人同意处理其个人信息。但是企业应当注意的是，未取得个人同意也可处理的个人信息的范围仅为“为实现人力资源管理所必须”，而不能任意扩大，如企业不得以经营管理需要的名义收集属于员工个人隐私的信息，如婚恋状况、孕育情况等。

公司委托第三方向员工寄送月饼，属于对外提供个人信息的行为。首先公司行政部门应当告知员工该第三方的处理目的、处理方式、个人信息种类和内容，取得员工的确认同意。第二，公司应当与第三方的书面合同中加入个人信息保护的特别条款做专门约定，明确个人信息使用方式、范围、期限、保护措施等。第三，第三方应当按照协议约定处理个人信息，未经同意不得转委托或对外提供。最后，第三方在寄送工作完成后应当依法及时删除前述个人信息。

80. 学生个人信息泄露导致“被就业”，该怎么办？

【场景】

某大学生：前两天辅导员让我们下载“个人所得税”APP，查看一下自己的信息，结果发现班里不少同学都有在陌生公司的就职和缴纳个税的记录，有的还显示发放了工资，到底发生了什么？

【解说】

该学生的经历反映了两件事情：第一，该校学生的个人信息遭到泄露；第二，有企业盗用遭泄露的学生个人信息，通过虚报员工身份偷逃税款。

根据《个人信息保护法》第 10 条第 1 款的规定，任何组织、个人不得非法收集、使用、加工、传输他人个人信息，不得非法买卖、提供或者公开他人个人信息。因此对于泄露学生信息者和盗用信息的企业而言，其行为侵害了学生的个人信息，应当承担损害赔偿、罚款等民事或行政责任。此外，若行为人构成向他人出售、提供学生个人信息且数量较大的，可能构成侵犯公民个人信息罪，根据《刑法》相关规定，最高可能面临 7 年有期徒刑。此外，企业通过盗用学生信息虚开工资，在账簿上多列支出，不缴或者少缴应纳税款的，属于偷税行为，违反了《税收征收管理法》相关规定，应当由税务机关追缴其不缴或者少缴的税款、滞纳金，并处不缴或者少缴的税款百分之五十以上五倍以下的罚款。此外，采取欺骗、隐瞒手段进行虚假纳税申报或者不申报，逃避缴纳税款数额较大并且占应纳税额百分之十以上，且未按时补缴的，还可能构成《刑法》第 201 条的逃税罪，最高可能承担 7 年有期徒刑。

对于受害的学校和学生而言，可以发函给涉事公司，要求对方立即删除其非法处理的个人信息，还可向公安、市场监管和税务机关举报或者投诉。在日常生活中，学生应当加强个人信息的保护意识，尤其是在参加社会实习、校外实践等过程中，不轻易对外提供非必要个人信息，降低信息被他人不当或非法利用的风险。此外，学校应当加强对校内信息系统和数据库的网络安全和数据保护，通过专门的培训、课程、讲座等方式，提高教职工的个人信息保护意识，并制定相关条例规定。在公布某些资助、获奖名单时，不应将学生的非必要个人信息全部公开。学校还可以建立突发事件的紧急处置和调查方案，定期对全校的信息安全隐患进行排查，防止再次发生类似事件。若存在学校内部工作人员外泄学生个人信息的情况，应当追究相关部门和人员的责任。

81. 小区物业可以强制居民使用人脸识别出入小区吗?

【场景】

某小区业主：最近我们小区安装了人脸识别门禁设备，物业要求业主都去录入人脸，还需要提供身份证、房产证等扫描件，我有点担心信息泄露，我可以拒绝他们吗?

【解说】

人脸、指纹、DNA 等都属于生物类敏感个人信息，不同于住址、手机号等一般个人信息可能发生改变，生物信息是终身不变的，因而具有高度的敏感性，一旦被泄露，可能会给个人带来严重的人身或者财产安全风险或者隐患。对此，《个人信息保护法》在第二章设置了“敏感个人信息的处理规则”专节，明确只有在具有特定的目的和充分的必要性，并采取严格保护措施的情形下，个人信息处理者方可处理敏感个人信息，并且处理敏感个人信息应当取得个人的单独同意。针对物业企业强制要求居民“刷脸”等侵犯居民人格权益现象的广泛性，《最高人民法院关于审理使用人脸识别技术处理个人信息相关民事案件适用法律若干问题的规定》第 10 条专门规定：物业服务企业或者其他建筑物管理人以人脸识别作为业主或者物业使用人出入物业服务区域的唯一验证方式，不同意的业主或者物业使用人请求其提供其他合理验证方式的，人民法院依法予以支持。

对于物业企业而言，无论为了便于管理、疫情防控或其他原因，在小区安装使用人脸识别门禁设备，首先应当征得业主大会或业主委员会的同意；此外对于人脸等敏感个人信息的采集、使用，小区物业还必须依法征得每位居民的单独同意。只有居民自愿同意使用人脸识别，物业对人脸信息的采集、使用才具有合法性基础。如果居民不同意提供人脸识别、指纹识别等敏感个人信息进入小区，则物业应当保留和提供传统的门禁卡等替代性、备选措施。

82. 医院需要对孕产妇、患者的个人信息承担保密义务吗?

【场景】

某产妇：生完孩子，刚出院回到家就接到给孩子剃胎毛、拍满月照、产后身体塑形之类的推销电话，除了我自己，我爱人也受到各种推销电话的骚扰，接二连三的电话影响了我们的休息和日常工作，是医院泄露了我们的信息吗，他们不应当保密吗?

【解说】

保护孕产妇、患者的个人信息和隐私安全，是医疗机构和医务工作者应当履行的法定义务。根据《个人信息保护法》相关规定，个人信息处理者对外提供或公开其处理的个人信息，应当取得个人的单独同意。因此，若医疗机构或医护人员擅自对外提供孕产妇或患者个人信息，构成对其个人信息的侵犯。此外，《民法典》第1226条明确规定：医疗机构及其医务人员应当对患者的隐私和个人信息保密。泄露患者的隐私和个人信息，或者未经患者同意公开其病历资料的，应当承担侵权责任。《基本医疗卫生与健康促进法》《执业医师法》《护士条例》《传染病防治法》等法律法规都存在相关规定。若医院发生孕产妇、患者的个人信息泄露事件，或医护人员在履职过程中存在侵犯孕产妇、患者隐私或个人信息的行为，医疗机构应当依法承担责任。如果医师在执业活动中，泄露孕产妇、患者隐私或个人信息，造成严重后果的，根据《执业医师法》等相关规定，可能被给予警告、责令暂停执业活动，甚至吊销执业证书的处罚。若医护人员非法对外出售、提供孕产妇、患者个人信息，情节严重的，还可能触犯《刑法》的侵犯个人信息罪，最高面临7年以下有期徒刑的处罚。

因此，医疗机构应当建立完善孕产妇、患者的个人信息和隐私保护制度，严格管理孕产妇、患者的基本信息、用户资料、病历、病史、基因等信息和数据，严格执行个人信息安全和健康医疗数据保密规定，对相关信息数据进行加密存储、管理和使用，并对非法买卖、泄露信息行为依法依规予以惩处。

【案例】

某市社区卫生服务中心工作人员徐某，通过该市“妇幼信息某管理系统”市级权限账号密码，利用职务之便，非法下载新生婴儿数据50余万条，贩卖新生婴儿信息数万余条。后多名犯罪嫌疑人层层转手，组成了一条长长的新生婴儿信息倒卖链条，最终信息落入其他违法犯罪人员手中，导致广大新生婴儿家庭经常接到推销或诈骗电话。据警方通报，通过排查，已抓获犯罪嫌疑人 9 人，查获各类公民个人信息数据 550 万余条，涉及全国 21 个省、自治区、直辖市。

83. 银行可以自行决定对外提供客户的银行流水吗?

【场景】

某公司：公司怀疑某负责销售的员工存在收取回扣、关联交易的情况，但没有直接证据，可以要求银行出具这个员工工资卡等银行卡的资金往来明细吗?

【解说】

银行账户、存款信息（包括资金数量、支付收款记录等)、信贷记录、征信信息、交易和消费记录、流水记录等属于个人敏感信息。个人敏感信息一旦被泄露、非法提供或滥用，很可能危害人身和财产安全，极易导致个人名誉、身心健康受到损害或歧视性待遇等。根据《个人信息保护法》第 28 条规定，金融账户信息属于敏感个人信息，只有在具有特定的目的和充分的必要性，并采取严格保护措施的情形下，个人信息处理者方可处理敏感个人信息。此外，《商业银行法》规定，商业银行办理个人储蓄存款业务应负有为存款人保密的义务，对个人储蓄存款，商业银行有权拒绝任何单位或者个人查询、冻结、扣划，但法律另有规定的除外。因此，银行等金融机构对客户的账户、交易记录等个人敏感信息负有保密义务，未经信息主体同意，通常不得擅自对外提供，否则可能承担民事侵权或行政、刑事责任。

对于他人银行账户流水等信息，第三方只有在持有合法的调查或授权文件的条件下才可调取，通常包括以下三种情况：一是司法工作人员持法院调查令等合法调查手续调取；二是客户委托代理人（如律师）持相关授权手续调取；三是客户去世或丧失行为能力，由其继承人或法定监护人持相关证明调取。

【案例】

某演员在个人微博公开发文称，某银行未经其本人授权，便将其个人账户交易明细提供给与其发生经济纠纷的第三方公司，严重侵犯了个人信息。次日凌晨，某银行在官方微博公开致歉，并称已按制度规定对相关员工予以处分，并对涉事支行行长予以撤职。

84. 如何防范电信信息泄露？

【场景】

某大学生：经常接到各种骚扰和诈骗电话，或者问我要不要考研、出国，或者说我有不良贷款记录需要清除，我的手机号等个人信息都是从哪里流出的呢？

【解说】

对于个人而言，个人信息泄露的常见场景包括：参与不规范的调查问卷或抽奖活动、随手丢弃包含个人信息的快递单/

发票 / 机票 / 火车票、在可疑或不规范的网站注册账号、下载使用不规范的应用软件或手机 APP、手机或电脑安装恶意软件或遭受黑客袭击等。因此，为了降低个人信息泄露和被电信诈骗的风险，建议：(1) 不要随手丢弃快递单、公交、飞机票、火车票等包含个人信息的票据，丢弃前可以撕碎或涂抹遮挡个人信息；(2) 不浏览、注册和使用不规范的钓鱼网站或手机 APP；(3) 使用公用电脑后，注意清空个人信息及相关账号登录、网页浏览记录，尤其是在打印店打印材料后，即时删除相关文件，以免信息泄露或被非法利用；(4) 谨慎填写不规范的调查问卷，线上或线下参与问卷调查时，都应当仔细核实调查主体的真实性、调查目的、提供个人信息的必要性等，不轻易提供非必要个人信息；(5) 不要为了获得一些小礼品或抽奖机会，而向不规范的商家或 APP 推广者提供个人信息，尤其是银行账号、身份证号等敏感个人信息；(6) 在提供身份证复印件时，要在含有身份信息区域注明“本复印件仅供 XX 用于 XX 用途，他用无效”和日期。

对于企业而言，若电信运营商等个人信息处理者发现个人信息泄露，根据《个人信息保护法》第 57 条规定，应当立即采取补救措施，并通知履行个人信息保护职责的部门和个人。此外，在日常经营中，企业应当严格履行《个人信息保护法》规定的相关义务，制定内部管理制度和操作规程；对个人信息实行分类管理；采取相应的加密、去标识化等安全技术措施；合理确定个人信息处理的操作权限，并定期对从业人员进行安全教育和培训；制定并组织实施个人信息安全事件应急预案等。

85. 餐厅可以只提供扫码点餐服务吗？

【场景】

某顾客：我发现现在很多餐厅都不给纸质菜单了，找服务员点菜，都说只能通过微信或支付宝扫码点餐，但扫完发现还需要关注公众号甚至注册会员，餐厅有权这样吗？

【解说】

通过扫码点餐，商家能够节省一部分人力资源，从而提高利润，公众号还可以通过推送优惠券等方式留住老顾客，这就使得越来越多的商家希望通过扫码的方式代替传统的点餐方式。但商家若不为食客提供现场菜单，要求扫码关注后才能浏览菜品和价格，则涉嫌侵害消费者的知情权，剥夺消费者的自主选择权和公平交易权，违反了《消费者权益保护法》相关规定。扫码点餐过程中，商家为了沉淀客户，往往倾向于收集顾客姓名、手机号、住址、生日等与点餐无直接关联的个人信息。根据《个人信息保护法》第 6 条规定，处理个人信息应当具有明确、合理的目的，并应当与处理目的直接相关，采取对个人权益影响最小的方式；收集个人信息，应当限于实现处理目的的最小范围，不得过度收集个人信息。因此，餐厅过度收集顾客个人信息，违反了《个人信息保护法》规定的最小必要原则。

因此，菜单作为餐厅消费者决策的重要参考依据，与选择是否接受餐饮服务直接关联，餐厅不应仅提供扫码的点餐方式，还应当提供直观可查的现场菜单，供消费者了解菜品和价格，保障消费者的基本权益。

【案例】

2021 年 3 月 25 日，中国消费者协会点名“扫码点餐”，指出餐厅仅提供“扫码点餐”涉嫌过度收集消费者个人信息，也侵害了消费者的公平交易权。消费者到餐厅就餐，并无必要提供手机号、生日、姓名、地理位置、通讯录等与餐饮消费无关的信息。

86. 房产中介可以相互“共享”客户信息吗？

【场景】

某业主：前阵子我想买房，找了中介公司看了几套都不满意，就打算先不买了。但后来每天都能接到各种各样买房、贷款的电话，是不是房产中介把我的信息给别的公司了？

【解说】

根据《个人信息保护法》第 10 条的规定，任何组织、个人不得非法收集、使用、加工、传输他人个人信息，不得非法买卖、提供或者公开他人个人信息。房产中介或任何其他组织、个人，如果需要向第三方提供个人信息的，首先应当取得个人信息主体的明确同意，并向其告知接收方的名称或者姓名、联系方式、处理目的、处理方式和个人信息的种类，否则将涉嫌侵权。此外，根据《刑法》规定，行为人向他人出售或者提供公民个人信息，情节严重的，将可能涉嫌侵犯公民个人信息罪。即便情节较轻不构成犯罪，大量推广房地产、金融等相关业务，频繁拨打骚扰电话，也可能违反《治安管理处罚法》《消费者权益保护法》等相关规定，需要承担罚款甚至拘留等行政责任。

因此，房产、汽车等中介服务企业应当严格履行个人信息保护义务，加强员工培训，合理确定员工处理个人信息的操作权限。对个人信息等数据采取相应的加密、去标识化等安全技术措施，并制定内部管理制度、操作规程和个人信息安全事件应急预案等。

【案例】

据报道，截至2020年9月，某检察院已陆续对47件56人涉嫌侵犯公民个人信息案件提起公诉。这些案件中被告人均系房地产行业相关从业人员，他们或利用职务便利，或出于业务需要，泄露、出卖、交换大量住宅小区的业主个人信息，严重侵害业主权益。该地市场监管局收到检察建议后，高度重视，根据检察建议书的内容，开展了为期一个月的专项检查，依据消费者权益保护法规定，查处了14家涉案公司。其中，对上述房地产代理有限公司的4家分公司采取顶格处罚，吊销其营业执照，其余房产、装修、物业等10家公司各被处以罚款2万元，还与物业、房产、装修协会进行了对接，并专题组织相关法律知识集中培训，要求各企业加强信息管控，落实保密制度，同时提醒行业协会强化行业管理。

87. 快递公司员工可以对外提供客户个人信息吗？

【场景】

某快递公司员工：我每天能派好几百件快递单，总是有人找到我想要“高价”购买快递客户的姓名、手机号、住址等个人信息，还有人找我租借公司内部的账号。他们要这些信息做什么呢？我可以给他们吗？

【解说】

一些不法分子，通过从快递公司等企业手中收集了大量个人信息，非法购买个人信息，以此实施精准营销甚至电信诈骗，形成了相对完整的黑色产业链。根据《个人信息保护法》第 10 条的规定，任何组织、个人不得非法收集、使用、加工、传输他人个人信息，不得非法买卖、提供或者公开他人个人信息。不法分子通过非法途径获取他人个人信息，并进行倒卖的行为，以及快递公司或员工将客户个人信息或内部账号有偿提供给不法分子的做法，违反了《个人信息保护法》的规定，应当承担民事赔偿责任或行政责任。对于情节严重的，还可能构成《刑法》的侵犯公民个人信息罪，最高可处 7 年有期徒刑。

据报道，2020 年我国快递业务量达 830 亿件，其中涉及海量用户的姓名、手机号、住址等个人敏感信息，故保护快递领域个人信息安全迫在眉睫。快递企业应当加强个人信息保护合规和风险内控制度，加强员工培训，在其信息系统和快递面单上，将用户实名收寄信息（如姓名、电话、地址）进行部分或全部隐藏，并使用虚拟号码，使得快递员仅能在有限时间内凭借手持终端中看到相关信息，第三人则无法通过快递面单或扫描快递条形码获得个人信息，从而降低个人信息泄露风险。

【案例】

2020 年，据某地警方消息，相关嫌疑人以每日 500 元的费用租用某物流公司内部员工系统账号，后登录系统账号进入公司物流系统，导出快递信息，把窃取的快递信息进行整理后通过微信、QQ 等方式卖到全国及东南亚等电信诈骗高发区。相关嫌疑人将收集到的信息打包卖出，每条信息单价约为 1 元。此次被泄露的信息中包括发件人地址、姓名、电话以及收件人电话、姓名、地址，被泄露的信息数量实际超过 40 万条，涉案金额为 120 余万元。

88. 能否以保障公众健康为由传播新冠肺炎患者的个人信息？

【场景】

某小区居民：最近我们小区有个邻居从国外回来，被确诊新冠肺炎阳性，很多亲友向我打听这个邻居的姓名、住址、家庭、职业、年龄、行程等个人信息，我可以告诉他们或者上传网络吗？

【解说】

在新冠肺炎疫情期间，如何平衡公众健康权知情权与个人信息保护，一直是社会公众尤其是医务、法律人士非常关心的问题。根据《个人信息保护法》第 13 条的相关规定，为应对突发公共卫生事件，处理个人信息不需取得个人同意。这是基于公众健康权和知情权，对个人信息保护作出的必要让渡，但这种让渡应当限定在适度、合理的范围内。若涉疫个人信息遭到泄露，可能导致个人信息主体受到网络暴力、人身攻击等二次伤害，还可能使得公众在面对流调工作时产生一定程度的顾虑，担忧个人信息和隐私安全，甚至拖慢防疫工作的进度，产生更大的负面影响。

疫情期间，为联防联控所需和公共利益，有必要收集部分人群的个人信息，但在此过程中，应当坚持最小范围原则，收集对象原则上限于确诊者、疑似者、密切接触者等重点人群，而非针对特定地区的全部人群，以免特定个体的隐私、名誉、个人信息等合法权益遭受损害，甚至造成公众对特定地域人群的歧视。此外，未经被收集者同意，不得公开其姓名、照片、身份证号码、电话号码等敏感个人信息。为疫情防控、疾病防治收集的个人信息，不得用于其他无关用途。在疫情结束后，还应对相关个人信息进行依法封存或删除。如果发现任何组织或个人有违规违法收集、使用、公开患者等主体个人信息的行为，可以及时向网信、公安等部门举报。

【案例】

2021 年 9 月，某地警方通报称，两名医疗业相关工作人员将本地新冠肺炎患者及密接者的个人信息转发至家族群，导致大量扩散和议论，对受害者造成相当程度的伤害和困扰。具体个人信息包括受害人姓名、身份证号、电话、地址及近期行程等内容。依据《治安管理处罚法》，警方对两人处以罚款500元的行政处罚。

（三）涉特殊身份的场景

89. 未成年人的个人信息应如何保护？

【场景】

某APP集成了教育、社交、网络游戏、支付等多种功能及服务，且用户包含一定数量的未成年人，但并未对未成年人使用其服务设置任何相应的时间管理、权限管理等功能。

【解说】

为了保护未成年人的个人信息相关权益，及身心健康、其他合法权益，我国针对网络产品及服务的提供者、运营者规定了一系列相关义务。首先，根据《个人信息保护法》的规定，处理不满14周岁未成年人个人信息的，应当取得未成年人的父母或者其他监护人的同意；且由于不满14周岁未成年人的个人信息属于敏感个人信息，因此只有在具有特定的目的和充分的必要性，并采取严格保护措施的情形下，方可处理该敏感个人信息。与之相关联的《儿童个人信息网络保护规定》第8条明确规定网络运营者应当设置专门的儿童（不满14周岁的未成年人）个人信息保护规则和用户协议，并指定专人负责儿童个人信息保护。因此，上述 APP 应当单独制定儿童个人信息保护规则和用户协议，详细披露其对于相关个人信息的处理情况，并通过弹窗等显著方式获取同意。此外，针对包括但不限于下述功能，APP 运营者还应当履行特定的义务：

（1）网络游戏

根据《国家新闻出版署关于进一步严格管理切实防止未成年人沉迷网络游戏的通知》的规定，所有网络游戏企业仅可在周五、周六、周日和法定节假日每日 20 时至 21 时向未成年人（未满 18 周岁的公民）提供 1 小时网络游戏服务，其他时间均不得以任何形式向未成年人提供网络游戏服务；所有网络游戏必须接入国家新闻出版署网络游戏防沉迷实名验证系统，所有网络游戏用户必须使用真实有效身份信息进行游戏账号注册并登录网络游戏，网络游戏企业不得以任何形式（含游客体验模式）向未实名注册和登录的用户提供游戏服务。因此，APP 运营者还应当履行针对未成年人用户设置时间限制和严格实名认证的义务。

（2）在线教育

《未成年人保护法》第 74 条规定，以未成年人为服务对象的在线教育网络产品和服务，不得插入网络游戏链接，不得推送广告等与教学无关的信息。因此，APP 运营者在教育专栏还应当严格限制广告推送，屏蔽相关链接。

（3）社交

由于上述 APP 还存在着一定的社交属性，结合国家对于整治畸形“饭圈文化”的政策背景，APP 运营者还应当履行《未成年人保护法》下的其他相关义务，包括但不限于在发现未成年人通过网络发布私密信息的，应当及时提示，并采取必要的保护措施。如 APP 还提供直播服务，则不得为未满 16 周岁的未成年人提供网络直播发布者账号注册服务；为年满 16 周岁的未成年人提供网络直播发布者账号注册服务时，应当对其身份信息进行认证，并征得其父母或者其他监护人同意。

以上仅仅是对于 APP 运营者需要履行义务的部分列举，APP 运营者还应当注意落实相关法律法规中的其他义务。此外，还可以采取设置青少年模式等方式，进一步保护儿童的个人信息安全与健康成长。

【案例】

某 APP 未成年人用户众多，但 APP 内时常充斥着粗俗言语及违背公序良俗的不良信息，对未成年人的身心健康造成不良影响，针对这一情况，APP 运营者应当如何整治?

APP 运营者应当按照《未成年人保护法》的规定，在发现用户发布、传播可能影响未成年人身心健康的信息且未作显著提示的，应当作出提示或者通知用户予以提示；未作出提示的，不得传输相关信息。在发现用户发布、传播含有危害未成年人身心健康内容的信息的，应当立即停止传输相关信息，采取删除、屏蔽、断开链接等处置措施，保存有关记录，并向网信、公安等部门报告。

90. 如何保护老年人的个人信息？

【场景】

在 2021 年央视的 3 · 15 晚会上，媒体曝光了手机清理类软件给老年人带来的困扰：某老人通过智能手机使用 APP 时，手机屏幕总会提示内存不足等信息，老人按照提示清理了手机，却发现这些提示越清越多，手机越用越慢。经相关部门检测发现，手机中某些 APP 表面上看起来是在清理手机垃圾，实则背地里不断大量偷取手机里的信息，它们的目的就是为了获取老人信息，然后有针对性地推送诱导信息、诈骗信息。

【解释】

在当下的互联网智能时代，智能手机、移动互联网应用程序（APP）的应用场景无处不在，而当老年人在使用这些数字技术的时候，其个人信息保护需要受到特殊的关注。可以说，智能手机与互联网的飞速发展让中老年人群也享受到了技术发展带来的红利，但他们也最有可能成为不法分子实施诈骗的对象。老年人大多不熟悉手机操作，防范意识较弱，套取他们的个人信息更方便、更隐蔽。

除了在手机界面中诱导老年人下载软件并获取信息的情况，许多不怀好心之人还会在线下通过推荐注册 APP 免费送礼品的方式，非法采集各类个人信息——他们在老年人未自主阅读并同意隐私政策的情况下代替老年人操作，在个人信息主体未授权同意的情形下收集了个人信息；而这些老年人的个人信息也常常被非法提供给未向个人信息主体告知并经其同意的第三方，造成老年人时常会接到各种推销和骚扰电话的情况。以上场景中APP收集、向第三方提供个人信息的情形均违反了《个人信息保护法》中的相关条款。

我们在谴责不良分子的同时，还需要再次提醒老年人：不要轻信在手机上出现的任何信息，不点击不明链接或扫描未知二维码，不随意参加需下载APP或注册信息的活动，不要轻信来历不明的电话、短信和邮件。

其实，与老年人个人信息保护息息相关的还有智能硬件、软件的适老化改造。在新冠肺炎疫情防控的最早时期，作为国家管控手段的“健康码”曾让老年人群体中的许多人处于无法自由行动的尴尬处境，这充分反映了以智能手机为载体的生活应用场景完全需要考虑老年人这一弱势群体的特殊状态，不然其合法权利极其容易受到侵害而不自知或无法维权。

2020年，工信部在《互联网应用适老化及无障碍改造专项行动方案》中提到，自2021年1月起，在全国范围内组织开展为期一年的互联网应用适老化及无障碍改造专项行动，包括开展互联网网站与APP适老化及无障碍改造等。2021年4月，工信部发布《互联网网站适老化通用设计规范》《移动互联网应用（APP）适老化通用设计规范》，为相关互联网网站、APP完成适老化及无障碍改造后提供参考标准。

如今，涵盖新闻媒体、交通出行、社交通讯、生活服务、金融服务等多个领域的多个网站和APP已完成了适老化改造，其中有些APP已推出老年人版本或老年人模式。适老化改造的具体改变包括简化老年人使用的操作界面和操作步骤，为老年客户提供包括放大字体、语音播报讲解业务等服务。

在保证老年人能够较清楚地了解智能设备及 APP 的使用规则，并能够更为轻松地操作的前提下，老年人的个人信息方能够受到更好的保护。APP 适老化改造的行动正是体现了对老年人权益在信息时代下的特殊保护，使老年人能更安全地融入智能时代。

【案例】

某老人在学习《个人信息保护法》之后惊奇地发现，自己每天在使用的健康码小程序，在收集个人信息前并未取得其任何授权同意，那么是否属于非法收集个人信息？不是，在取得个人同意之外，《个人信息保护法》还规定了多种个人信息处理者可以处理个人信息情形，包括为履行法定职责或者法定义务所必须、为应对突发公共卫生事件所必须等。健康码收集个人信息属政府行为，在我国，这一行为被认为是疫情防控（应对突发公共卫生事件）所必须，因此健康码收集个人信息无须取得个人同意。同时建议大家对日常生活中政府机构（如公安）收集个人信息的行为无须过度紧张和怀疑，但前提是确认对方确实代表政府机构。

91. 企业法定代表人和高管的个人信息需要保护吗？

【场景】

“XX”网站及 APP 提供企业及老板信息查询服务，其中有大量的法定代表人、高管、合伙人或经营者的姓名、涉诉情况、涉执行情况等。“XX”网站及APP自行公开披露这些个人信息，属于违反《个人信息保护法》的情形吗？

【解释】

公司、合伙企业、个体工商户等市场主体需要登记才能以市场主体名义从事经营活动，而相关法律明确规定了各类市场主体登记的登记事项，包括法定代表人姓名，公司股东、发起人或非公司法人出资人的姓名，合伙企业的合伙人姓名、住所，个体工商户的经营者姓名、住所、经营场所，公司董事、监事、高级管理人员等。上述这些登记事项属于法定应当公示的信息，均可以在国家企业信用信息公示系统网站查询到。此外，中国裁判文书网、中国执行信息公开网等网站也相应会公开包含个人信息的裁判文书和执行信息，信用中国及市场监督管理局、生态环境局等政府部门的网站则会公开包含个人信息的行政处罚信息等。

政府部门是前述个人信息的收集者，各类信息的查询需要在不同的政府部门官网网站实现；但是，仅用“XX”一个网站即能全面便捷地查询到几乎所有政府网站公开的个人信息，这靠的是网络爬虫（网络爬虫可以按照一定的规则，自动地浏览网络中的信息，并抓取互联网信息的程序或者脚本）等技术，对各政府官网网站的信息进行收集、聚合、分析，最终把所有内容呈现在一个网页中。

根据《信息安全技术　个人信息安全规范》（GB/T 35273—

2020）规定，从政府信息公开等合法公开披露的信息中收集个人信息的，个人信息控制者收集、使用、共享、转让、公开披露个人信息不必事先征得个人信息主体的授权同意。因此，“XX”提供此类信息看似是合规的。然而，《个人信息保护法》对处理已经合法公开的个人信息要求限定在“合理的范围内”，且对个人权益有重大影响的应当取得个人同意。因此，“XX”收集法定代表人、公司高管姓名等已公开信息进行聚合、分析，需要被限定在合理的范围内，否则有构成违法收集使用个人信息的可能。

【案例】

“XX 宝”将涉及伊某的若干份已公开的裁判文书放在自己网站上供查看，伊某发现之后，要求“XX 宝”删除这些包含其个人信息的裁判文书，“XX 宝”并未响应伊某的请求。“XX 宝”这样的做法是否合法？

“XX 宝”从公开渠道收集了包含伊某信息的内容，属于对已合法公开信息的合理使用，并未侵犯伊某的合法权益；但是，伊某要求删除相关信息的请求，代表伊某明确拒绝“XX 宝”使用相关信息，在此情形下，“XX 宝”应当尊重个人信息主体的选择权利，即时删除相关信息，否则构成侵犯个人信息权益的行为。

92. 死者的个人信息如何保护？

【场景】

王某的母亲去世后，王某在办理继承其母亲遗产事宜的过程中，前往当地社保机构查询其母社会保险卡的相关信息，然社保机构的有关部门以社会保险卡信息属于个人信息不得公开为由，拒绝了王某的要求。

【解说】

随着数字经济的快速发展，因自然人死亡而引发的个人信息纠纷日益增多。现阶段在立法层面，对于死者个人信息的保护也在不断趋于完善。其中《民法典》第994条侧重于对死者本人的保护。该条规定，死者的姓名、肖像、名誉、荣誉、隐私、遗体等受到侵害的，其配偶、子女、父母有权依法请求行为人承担民事责任；死者没有配偶、子女且父母已经死亡的，其他近亲属有权依法请求行为人承担民事责任。依据《民法典》的上述规定，死者的个人信息中属于姓名、肖像和隐私等部分，当然应当受到法律的保护。

而《个人信息保护法》第49条则侧重于对死者近亲属权利的保护。该条规定，自然人死亡的，其近亲属为了自身的合法、正当利益，可以对死者的相关个人信息行使本章规定的查阅、复制、更正、删除等权利；死者生前另有安排的除外。因此，王某作为死者的近亲属，在继承其母亲遗产的过程中，社保账户中的财产属于遗产的一部分，王某有权了解其母社会保险卡的相关信息；在死者近亲属权利合法正当的前提下，不得为其行使权利而设置障碍。《个人信息保护法》第49条的规定，很好地为上述情形起到了“定分止争”的作用。

【案例】

李某系家中独子，李某的母亲于2015年因病去世，之后李某一直与父亲共同居住在父亲名下的房屋中，直至父亲2020年去世。为继承父亲名下的该房产，李某向所在城市的住建委负责房产档案的部门申请查询其父该房产的登记信息，然而该部门以该房产为所有权人的私有财产，登记信息涉及所有权人个人隐私，工作人员应当对房产权属登记信息的内容保密为由，拒绝了李某的申请。上述部门的做法是否合理？

不合理。根据《个人信息保护法》第49条的规定，在上述场景中，李某的继承权合法正当，作为近亲属当然地享有对其父房产相关登记信息进行查询的权利，有关部门应当根据李某的申请，履行查询其父名下房产登记信息的职责。

第三部分　常见的维权方式与途径

93. 通过直接联系互联网平台维权

用户直接联系互联网平台等个人数据处理者，一般是最便捷的解决问题的方式，具体可通过如下方式与平台取得联系：

首先，各网络平台在其用户交互界面（例如官方网站、APP 等）中，一般都设置有意见反馈、投诉举报或客服服务的入口，并应在合理的时间内对投诉进行响应。如遇个人权益受到侵害情形或有任何个人信息保护相关诉求，均可以通过 APP 或网站的意见反馈、投诉举报或客服功能直接与提供相应产品或服务的公司反馈问题或取得联系。另外，网信办在其官方网站上列举了主要网站的网址和举报电话，并设置有搜索栏，可供公众查询投诉方式：https：//www.12377.cn/allreportcentertel/zywztel.html。

此外，在提供相应产品或服务的公司的隐私政策（一般在 APP 或网站登录账号时会提示，或在 APP 或网站界面中可以找到）中，一般都会载明公司的联系方式，包括电话、邮箱、地址等，个人可通过上述联系方式与公司取得联系。根据相关规定，公司应当在 15 个工作日内受理并处理。

94. 寻求专业律师的帮助

在平台对个人所反馈的事项或请求未及时回复或未妥善解决的情形下，个人可以向具有个人信息保护经验的专业律师寻求帮助，咨询律师的专业意见，让律师评估侵害事实及诉求合理性。在有需要时，可以委托律师向提供相应产品或服务的公司发送律师函，让公司意识到事态的严重性并及时回复、解决相应问题。

95. 向人民法院提起诉讼

在以上维权途径均落空或公司未给出令人满意的处理结果并固执己见的情况下，个人可以就公司侵害个人权益事项向有管辖权的人民法院提起诉讼。当然个人也可以选择在认为个人权益受到侵害之初即提起诉讼，但我们建议先行与平台友好沟通，除非情况紧急或个人权益已受到重大影响。

若决定向人民法院提起诉讼，建议个人委托专业律师帮忙出谋划策，以更准确地评估当前的事实情况、给出专业的法律意见、提高诉讼各阶段的效率。

96. 向人民检察院、有关组织提供公益诉讼线索

《个人信息保护法》专门设立公益诉讼条款："个人信息处理者违反本法规定处理个人信息，侵害众多个人的权益的，人民检察院、法律规定的消费者组织和由国家网信部门确定的组织可以依法向人民法院提起诉讼。”

这意味着，人民检察院及相关组织可以就个人信息处理者侵害众多个人信息的情况提起民事公益诉讼。个人可以向人民检察院及有关组织提供公益诉讼的线索，在经调查符合法定条件的，检察院或相关组织将会提起公益诉讼。

97. 常用投诉、举报渠道

序号	部门	适用情形	举报方式
1	网信办	公民、法人或其他组织在发现互联网违法和不良信息时，可以参与互联网违法和不良信息举报监督。 上述信息包括： (1) 危害国家安全、荣誉和利益的； (2) 煽动颠覆国家政权、推翻社会主义制度的； (3) 煽动分裂国家、破坏国家统一的； (4) 宣扬恐怖主义、极端主义的； (5) 宣扬民族仇恨、民族歧视的； (6) 传播暴力、淫秽色情信息的； (7) 编造、传播虚假信息扰乱经济秩序和社会秩序的； (8) 侵害他人名誉、隐私等合法权益的； (9) 互联网相关法律法规禁止的其他内容。	(1) 登录举报中心官网 https：//www.12377.cn 举报； (2) 下载安装“网络举报”客户端举报； (3) 关注举报中心官方微博“国家网信办举报中心”，点击“私信举报”； (4) 关注举报中心官方微信公众账号“国家网信办举报中心”，点击“一键举报”； (5) 拨打 12377 举报热线举报或拨打各地网信部门电话举报，电话列表：https：//www.12377.cn/allreportcentertel/allreportcentertel.html； (6) 发送邮件至邮箱 jubao@12377.cn 举报。

续表

序号	部门	适用情形	举报方式
2	工信部	关于互联网、电信网等各种形式信息通信网络及电信业务中不良与垃圾信息均可投诉。主要包括：垃圾短信、骚扰电话、诈骗电话、垃圾邮件、不良网站、不良APP、个人信息泄露等。	(1) 网站：www.12321.cn； (2) 手机APP：http：//jbzs.12321.cn。(目前仅支持安卓手机)； (3) 微信：12321微信公众账号“12321受理中心”，点击“我要投诉”； (4) 电话：010—12321。(主要受理咨询)； (5) 电子邮箱：abuse@12321.cn。(仅限于咨询和接收eml格式垃圾邮件样本)
3	公安部	在存在涉嫌违反《全国人民代表大会常务委员会关于维护互联网安全的决定》《中华人民共和国刑法》《中华人民共和国治安管理处罚法》《互联网信息服务管理办法》等法律法规有关条款规定，利用互联网或针对网络信息系统从事违法犯罪行为的线索，具体行为包括： (1) 侵入国家事务、国防建设、尖端科学技术领域的计算机信息系统； (2) 故意制作、传播计算机病毒等破坏性程序，攻击计算机系统及通信网络，致使计算机系统及通信网络遭受损害；	登录http：//www.cyberpolice.cn/wfjb/进行投诉举报。 网站提供注册举报和非注册举报两种方式。举报人登录主页，可点击“用户注册”图标，按要求填写相关内容完成注册。 注册举报人登录后每次可举报多条线索，并可查询以往举报的处置情况；非注册举报人每次可举报一条线索。 举报人点击“我要举报”图标，按照提示填写被举报网站的名称、地址、违法行为描述、举报人

续表

序号	部门	适用情形	举报方式
		(3) 利用互联网进行邪教组织活动的； (4) 利用互联网捏造或者歪曲事实、散布谣言，扰乱社会秩序的； (5) 利用互联网建立淫秽色情网站、网页，提供淫秽站点链接，传播淫秽色情信息，组织网上淫秽色情的； (6) 利用互联网引诱、介绍他人卖淫的； (7) 利用互联网进行诈骗的； (8) 利用互联网进行赌博的； (9) 利用互联网贩卖枪支、弹药、毒品等违禁物品以及管制刀具的； (10) 利用互联网贩卖居民身份证、假币、假发票、假证，组织他人出卖人体器官的； 以上情形，可以进行投诉举报。	信息（带“*”标识的为必填项目）等相关表项后提交。非注册举报人提交成功后，网站将提供查询结果账号、密码。
4	市场监督管理总局	自然人、法人或者其他组织可以对电子商务平台经营者和通过自建网站、其他网络服务销售商品或者提供服务的电子商务经营者，以及对利用广播、电影、电视、报纸、期刊、互联网等大众传播媒介发布违法广告的广告主、广告经营者，及其他涉嫌违反市场监管法律、法规、规章线索的行为，向市场监管部门进行反映。	登录 https：//www.12315.cn 即全国 12315 平台进行举报。

续表

序号	部门	适用情形	举报方式
5	APP专项治理工作组	凡涉及APP违法违规收集使用个人信息（如超范围收集个人信息、强制捆绑其他功能、过度索要系统权限、隐私政策不合理等情形）均在举报受理范围。	登录https：//www.pipchina.cn/h5/http：//pipo.cybersac.cn/h5/填写相关信息进行举报，也可以通过发送邮件至pipo@cybersac.cn进行举报。
6	各行业	各行业主管部门负责监管本行业内经营活动中的个人信息保护，如出现侵权违规行为时，可向相关主管部门举报和反映。	相关部门官方网站首页底端点击举报中心标识后链接至举报端口进行举报。

附录：名词解释

98. 个人信息

个人信息是以电子或者其他方式记录的与已识别或者可识别的自然人有关的各种信息，不包括匿名化处理后的信息。(《个人信息保护法》第 4 条)

99. 个人信息处理

个人信息处理包括个人信息的收集、存储、使用、加工、传输、提供、公开、删除等。(《个人信息保护法》第 4 条)

(1) 收集是指获得个人信息的控制权的行为，包括由个人信息主体主动提供、通过与个人信息主体交互或记录个人信息主体行为等自动采集行为，以及通过共享、转让、搜集公开信息等间接获取个人信息等行为。如果产品或服务的提供者提供工具供个人信息主体使用，提供者不对个人信息进行访问的，则不属于本标准所称的收集。例如，离线导航软件在终端获取个人信息主体位置信息后，如果不回传至软件提供者，则不属于个人信息主体位置信息的收集。(《信息安全技术　个人

信息安全规范》GB/T 35273—2020）

（2）存储是指非动态数据以任何数字格式进行物理存储的阶段。

（3）使用是指通过自动或非自动方式对个人信息进行操作，例如记录、组织、排列、存储、改变或变更、检索、咨询、披露、传播或以其他方式提供、调整或组合、限制、删除等。（《互联网个人信息安全保护指南》）

（4）加工是指对数据进行抽取、变换和运算的过程。

（5）传输是指数据从一个实体通过网络流动到另一个实体的过程。

（6）提供是指数据由持有方交付到数据需求方的操作。

（7）公开是指向社会或不特定人群发布信息的行为。（《信息安全技术　个人信息安全规范》GB/T 35273—2020）

（8）删除是指在实现日常业务功能所涉及的系统中去除个人信息的行为，使其保持不可被检索、访问的状态。（《信息安全技术　个人信息安全规范》GB/T 35273—2020）

100. 个人信息处理者

个人信息处理者是指在个人信息处理活动中自主决定处理目的、处理方式的组织、个人。（《个人信息保护法》第 72 条第 1 项）

101. 个人权益影响最小

根据《个人信息保护法》第6条的规定，处理个人信息应当具有明确、合理的目的，并应当与处理目的直接相关，采取对个人权益影响最小的方式。在特定的个人信息处理活动中，在“限制个人自主决定权、引发差别性待遇、个人名誉受损或遭受精神压力、人身财产受损”四个维度对自然人个人法定权益造成影响最小。（《个人信息安全影响评估指南》GBT39335—2020）

102. 撤回同意

撤回同意是指个人在授权同意个人信息处理者处理其个人信息后，取消授权的行为。撤回授权同意不影响撤回前基于授权同意的个人信息处理。

关于个人撤回授权，对个人信息处理者的要求包括：(1）应向个人提供撤回收集、使用其个人信息的授权同意的方法。撤回授权同意后，个人信息处理者后续不应再处理相应的个人信息。(2）应保障个人拒绝接收基于其个人信息推送商业广告的权利。对外共享、转让、公开披露个人信息，应向个人信息主体提供撤回授权同意的方法。（《信息安全技术　个人信息安全规范》GB/T 35273—2020）

103. 宣告破产

宣告破产指法院依据当事人的申请或依职权，在确认债务人具有无法消除的破产原因时所作出的宣布债务人破产以清偿债务的裁定或命令。（引自《美国破产法》，中国政法大学出版社 2003 年版，第一节“破产宣告的概念”）

104. 信息推送

信息推送是指根据用户的需求，主动将用户感兴趣的信息发送给用户。（《高校图书馆服务工作与采访模式创新研究》，吉林出版集团股份有限公司 2018 年版，第 126 页）

105. 差别待遇

差别待遇的概念来源于 WTO 规则。“特殊与差别待遇”是 WTO 的一个专门术语，在谈判中往往是指发展中国家可在 WTO 谈判中作出比发达国家少的承诺，例如，在市场准入谈判中的关税减让幅度少于发达国家。特殊与差别待遇是允许发展中国家作出的减让承诺比发达国家少的原则，是世界贸易组织各协定给发展成员方的优惠待遇，指在一定范围和条件下，发展成员方可以背离各协定所规定的一般权利和义务，享有较优惠和特殊的待遇。个人信息保护法强调不能实行不合理的差别待遇，就是要求因为个人的个体差异实行不合理的差别交易条件，比如不得实施大数据杀熟、杀富等行为。

106. 公共安全

公共安全是指人类群体在公共领域进行活动时面临的安

全问题。(《公共安全概论》，社会科学文献出版社 2020 年版，第一章第一节)

107. 生物识别信息

个人生物识别信息包括个人基因、指纹、声纹、掌纹、耳廓、虹膜、面部识别特征等。(《信息安全技术　个人信息安全规范》GB/T 35273—2020)

108. 生物识别技术

生物识别技术是指利用可测量的人体生物学或行为学特征，与计算机、光学、声学、生物传感器和生物统计学技术等结合来区分、识别与核实个人身份。(《物联网概论》第 2 版，东南大学出版社 2017 年版，第 84 页)

109. 监护人

监护人是指履行监督和保护职责的人。(《民法》第 6 版，中国人民大学出版社 2015 年版，第 49 页)

110. 未成年人

未成年人是指未满 18 周岁的公民。(《中华人民共和国未成年人保护法》(2020 年修订) 第 2 条)

111. 敏感个人信息

敏感个人信息是一旦泄露或者非法使用，容易导致自然人的人格尊严受到侵害或者人身、财产安全受到危害的个人信息，包括生物识别、宗教信仰、特定身份、医疗健康、金融账户、行踪轨迹等信息，以及不满 14 周岁未成年人的个人信息。（《个人信息保护法》第 28 条）

112. 安全评估

安全评估是指对测评对象可能存在的威胁及其可能产生的后果进行综合评价和预测的过程。（《信息安全技术　网络安全等级保护测评要求》GB/T 28448—2019）

113. 个人信息安全影响评估

个人信息安全影响评估是指针对个人信息处理活动，检验其合法合规程度，判断其对个人信息主体合法权益造成损害的各种风险，以及评估用于保护个人信息主体的各项措施有效性的过程。（《信息安全技术　个人信息安全规范》GB/T 35273—2020）

114. 国际条约

国际条约是指国际法主体间缔结的相互权利义务关系的书面协议。（《国际条约与世界秩序》，国家行政管理出版社 2014 年版，“绪论”；源自 1969 年《维也纳条约法公约》规定）

115. 平等互惠原则

平等互惠是指一方给予另一方以利益或特权等待遇，另一方应当给予同等的待遇，是国际法上的一个重要原则，是国家主权独立与平等的反映。(《警察法学通论》，中国人民公安大学出版社 2018 年版，第 355 页)

116. 保存期限

保存期限是指个人信息存储期限应为实现个人信息主体授权使用的目的所必需的最短时间，法律法规另有规定或者个人信息主体另行授权同意的除外。(《信息安全技术　个人信息安全规范》GB/T 35273—2020)

117. 加密

加密是指对数据进行密码变换以产生密文的过程。(《信息系统密码应用基本要求》GM/T0054—2018)

118. 应急预案

应急预案又称应急计划，是针对可能发生的重大个人信息安全事故（件）或灾害，为保证迅速、有序、有效地开展应急与救援行动、降低事故损失而预先制定的有关计划或方案。(《企业安全生产应急预案管理》(广东省安全生产应急救援指挥中心) 1.1 应急预案概述)

119. 安全风险

安全风险是指一个给定的威胁，利用一项资产或多项资产的脆弱性，对组织造成损害的潜能。（《信息安全技术术语》GB/T 25069—2010，2.3.35）

120. 篡改

篡改是指各类在原真实文件的基础上采取各种手段形成的变造文件和各类受污染损坏的污损文件的总称。（《篡改（污损）文件鉴定技术规范》GB/T 37238—2018）

121. 平台规则

平台规则是指明确平台内产品或者服务提供者处理个人信息的规范和保护个人信息的义务的规则。

122. 测评

测评是指测评人员使用预定的方法 / 工具使测评对象产生特定的结果，将运行结果与预期的结果进行比对的过程。（《信息安全技术 网络安全等级保护测评要求》GB/T 28448—2019）

123. 人脸识别

人脸识别是指以人脸特征作为识别个体身份的一种个体生物特征识别方法。通过分析提取人脸样本的人脸特征，并将

其与已存储的人脸模板进行比对，用以识别用户身份。（《人脸识别技术线下支付安全应用规范（试行）》）

124. 人工智能

人工智能是利用数字计算机或者数字计算机控制的机器模拟、延伸和扩展人的智能，感知环境、获取知识并使用知识获得最佳结果的理论、方法、技术及应用系统。（《人工智能标准化白皮书》（2018 版））

125. 应用安全

应用安全是指为应用系统提供信息分类分域存储、统一身份认证、授权管理、访问控制、责任认定、信息分类防护、域间信息安全交换等安全措施。（信息安全技术　基于互联网电子政务信息安全实施指南 GB/Z）24294.1—2018）

126. 电子身份认证

电子身份认证是指为电子签名相关各方提供真实性、可靠性验证的活动。（《电子认证服务管理办法》第 2 条）

127. 约谈

约谈是指相关部门在有关情形发生时，约见未履行职责或履行职责不到位的相关负责人，进行告诫谈话、指出问题和监管意见建议、责令整改纠正的一种监督措施。（《最高人民

法院印发〈关于建立执行约谈机制的若干规定〉的通知》第 1 条）

128. 履行个人信息保护职责的部门

国家网信部门、国务院有关部门、县级以上地方人民政府有关部门统称为履行个人信息保护职责的部门。（《个人信息保护法》第 65 条）

129. 警告

警告是指行政主体对违法者实施的一种书面形式的谴责和告诫。（《中华人民共和国行政法典 · 注释法典》（新 2 版）第二章，第 8 条）

130. 没收违法所得

没收违法所得是指实施违法行为所取得的款项，除依法应当退赔的外，应当予以没收。（《中华人民共和国行政处罚法》第 28 条（2021 年修订））

131. 国家机关

国家机关是指从事国家管理和行使国家权力的机关。

132. 侵权责任

侵权责任是指行为人侵害他人民事权益造成他人损害而

依法应该承担的民事责任。(《民法典》第 1164 条)

133. 损害赔偿

损害赔偿是指加害人不法侵害他人财产或人身权利，并造成财产损失时，受害人有请求赔偿的权利，加害人负有赔偿义务的一种民事法律关系。(《吕世伦法学论丛》第 7 卷，黑龙江美术出版社 2018 年版，第 158 页)

134. 匿名化

匿名化处理是指个人信息经过处理无法识别特定自然人且不能复原的过程。(《个人信息保护法》第 73 条第 4 款)

135. 去标识化

去标识化是指个人信息经过处理，使其在不借助额外信息的情况下无法识别特定自然人的过程。(《个人信息保护法》第 73 条第 3 款)

136. 自动化决策

自动化决策是指通过计算机程序自动分析、评估个人的行为习惯、兴趣爱好或者经济、健康、信用状况等，并进行决策的活动。(《个人信息保护法》第 73 条第 2 款)